Denise Müller / Simone Sichert /
Marina Trautner

# RECHTSCHREIBUNG
# KOMPETENZORIENTIERT

Lehrerband mit Sachinformationen,
Kompetenztests, Kopiervorlagen
und Differenzierungsmaterial

## Klasse 4

Gedruckt auf umweltbewusst gefertigtem, chlorfrei gebleichtem und alterungsbeständigem Papier.

1. Auflage 2016
Nach den seit 2006 amtlich gültigen Regelungen der Rechtschreibung
© Auer Verlag
AAP Lehrerfachverlage GmbH, Augsburg
Alle Rechte vorbehalten
Illustrationen: Denise Müller
Satz: Typographie & Computer, Krefeld
Druck und Bindung: Kessler Druck + Medien, Bobingen
ISBN 978-3-403-07414-4

www.auer-verlag.de

# INHALT

## Konzeption

Ein Blick auf die aktuellen Rechtschreibleistungen der Schüler zeigt, dass sich diese, trotz fortwährender Überarbeitung von Rechtschreibunterricht, stetig verschlechtern anstatt sich zu verbessern. Mit unserem **kompetenzorientierten Ansatz** können wir sicherlich nicht die Garantie dafür geben, aus allen Kindern kompetente Rechtschreiber zu machen. Allerdings werden durch die im Folgenden erklärten *verschiedenen Zugangsweisen zur Rechtschreibung* sowie die stets verfolgte *Kompetenzorientierung*, den beiden Grundpfeilern unseres Konzepts, sichergestellt, dass jedes Kind auf konstruktivistische Art und Weise einen Zugang zu den einzelnen Rechtschreibfällen finden kann. Die Regeln werden also nicht übergestülpt, sondern unter verschiedenen Gesichtspunkten eigenständig wie auch gemeinsam erarbeitet.

## 1. Verschiedene Zugangsweisen zur Rechtschreibung

Es kann nicht gesagt werden, über welche Zugangsweise ein Kind jeweils zum kompetenten Rechtschreiber wird. Die unterschiedlichen Ansätze stehen seit Jahrzehnten in ständiger Konkurrenz und bieten hohes Diskussionspotenzial. Man kann jedoch sicher sagen, dass es diese unterschiedlichen Zugangsmöglichkeiten zur Rechtschreibung gibt. Die drei wichtigsten möchten wir an dieser Stelle kurz erklären, da es unser Bestreben ist, den Kindern all diese parallel (sowohl im Arbeitsheft als auch in den Einführungsstunden und den kompetenzorientierten Übungsphasen) anzubieten, um das Rechtschreiblernen zu erleichtern.

### Silbisches Prinzip

In der deutschen Rechtschreibung lassen sich die meisten Rechtschreibphänomene über den *Prototypischen Zweisilber* sowie den regelhaften Aufbau der 1. und 2. Wortsilbe erklären. Dies bedeutet für ein Kind, dass es bei einem rechtschriftlich unbekannten Wort einen Zweisilber bilden muss und sich schließlich dadurch die korrekte Schreibweise erklären kann (z. B. *er komt* oder *er kommt*? → kommen → Doppelmitlaut).

Diese Art der Herleitung einer richtigen Schreibung über den *Prototypischen Zweisilber* muss als **Strategie ("Trick")** aufgefasst werden. Das zugehörige Symbol, das sich durch das gesamte Arbeitsheft zieht, ist das in zwei Eierhälften zersprungene Ei, welches die beiden Silbenbögen symbolisieren soll.

### Lautliches Prinzip

Der silbische Aufbau von Wörtern bestimmt die Lautqualität bei Vokalen (kurz / lang). Demnach lassen sich auch über den lautlichen Aspekt die einzelnen Rechtschreibphänomene erklären (z. B.: *er komt* oder *er kommt*? → kurzer Vokal vor dem Mitlaut → doppelter Mitlaut).

Hier kann eine konkrete **Regel** formuliert werden, welche auf einen bestimmten Rechtschreibfall angewendet werden kann. Zum Beispiel bei der Mitlautverdopplung: *„Nach den kurzen Selbstlauten a, e, i, o, u kommt oft ein doppelter Mitlaut dazu!"*

### Wortbild

Trotz der Regelhaftigkeiten innerhalb des deutschen Orthografiesystems gilt es als erwiesen, dass es Kinder (und auch Erwachsene) gibt, die sich viele Wörter rein über das Wortbild in seiner Gesamtheit einprägen, ohne auf Regeln oder Strategien zurückzugreifen. Sicherlich wäre es der falsche Weg, alle Wörter des Deutschen über das Wortbild zu erschließen, da es einfach zu viele wären. Außerdem könnten unbekannte Wörter demnach nicht verschriftet werden, da auf keine Regel oder Strategie zurückgegriffen werden kann. Dennoch soll unser Arbeitsheft auch diesem Zugang gerecht werden. Besonders durch das gezielte mehrmalige Abschreiben und Einprägen des korrekten Wortbildes bei den Lernwörtern kann sichergestellt werden, dass dieses Wortmaterial richtig gespeichert wird.

### Umsetzung im Unterricht

Im Laufe eines Schuljahres lernt der Lehrer* seine Schüler hinsichtlich ihrer Zugangsweisen zur Rechtschreibung immer besser kennen. Dadurch, dass die Kinder ihre eigenen Gedanken zu Papier bringen (z. B. AHA-Seiten im Arbeitsheft), werden die Denk- und Lernwege transparent. So kann individuell gearbeitet und das entsprechende Übungsmaterial an die Hand gegeben werden.

Allerdings darf nicht aus den Augen verloren werden, dass auch eine Kombination aller drei Zugangsweisen möglich ist beziehungsweise, dass bei

---

* Aufgrund der besseren Lesbarkeit ist in diesem Buch mit Schüler auch immer Schülerin gemeint, ebenso verhält es sich mit Lehrer und Lehrerin etc.

Müller / Sichert / Trautner: Rechtschreibung kompetenzorientiert 4 – LB
© Auer Verlag – AAP Lehrerfachverlage GmbH, Augsburg

unterschiedlichen Rechtschreibphänomenen ein und dasselbe Kind unterschiedliche Zugangsweisen zeigt.

So steht der Lehrer stets in der Verantwortung, über die Lernwege der Kinder informiert zu sein.

Die gemeinsamen Übungen im Arbeitsheft bieten einen Zugriff auf alle drei Zugangsweisen. Auf der CD in diesem Band finden sich zudem vielfältige kompetenzorientierte Übungen, welche wiederum nach der Strategie isoliert sowie nach Schwierigkeitsstufen untergliedert sind. Hier ist es die Aufgabe des Lehrers, passende Aufgaben auszuwählen und den Kindern zuzuweisen.

## 2. Kompetenzorientierung

Kompetenzorientierung bedeutet nichts anderes, als ein Kind auf seiner aktuellen Lern- und Verstehensstufe abzuholen, um es von dort aus weiterzuführen. Andernfalls würde der Schüler über- oder unterfordert und der gewünschte Lernerfolg bliebe aufgrund mangelnder Motivation aus. Die Freude am Lernen soll stets aufrechterhalten bleiben.

Die Grundlage kompetenzorientierten Rechtschreibunterrichts bildet die Einstufung des Lernenden in seine momentane Kompetenzstufe. Nur so kann kompetenzorientiert gearbeitet werden. Den Kompetenzenstall findet man innerhalb jedes Kapitels in der Lehrerinformation.

### Kompetenzenstall (= Kompetenzenübersicht)

Der Kompetenzenstall besteht aus Fundament, Kompetenzstufen und Dach.

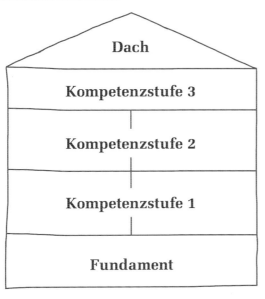

*Das Fundament*

Darin sind diejenigen Grundlagen beschrieben, ohne welche ein kompetenzorientiertes Üben zum jeweiligen Rechtschreibphänomen überhaupt nicht möglich wäre. Beispielsweise muss ein Kind eine uneingeschränkte visuelle sowie akustische Wahrnehmung aufweisen, lautgetreu verschriften können und wollen sowie motorisch in der Lage sein, mit dem Schreibgerät umzugehen, um rechtschriftlich tätig werden zu können.

Obwohl diese Fähigkeiten vom Lehrer oft als selbstverständlich vorausgesetzt werden, kann es immer wieder einmal auftreten, dass vereinzelte Schüler eine dieser zugrunde liegenden Voraussetzungen nicht erfüllen. Ein genaues, bewusstes Schauen auf die Grundkompetenzen kann dazu führen, dass Probleme im Rechtschreiben an der Wurzel angepackt und schließlich beseitigt werden können. (Beispielsweise braucht ein Kind lediglich eine Brille, obwohl schon eine Legasthenie vermutet wurde.)

*Die Kompetenzstufen*

Die deutsche Orthografie weist vielfältige und zahlreiche Rechtschreibphänomene, wie die exemplarisch erwähnte Mitlautverdopplung, auf. Ein Kind wird ein Phänomen nicht von Anfang an sicher mit all seinen Facetten beherrschen, denn dafür sind die Kombination von bekannten und unbekannten Strategien und ein immer spezielleres Regelverständnis nötig.

Der Weg zum nahezu perfekten Beherrschen eines Phänomens (Dachkompetenz) kann in mehrere Etappen gegliedert werden. Dies geschieht hier durch Kompetenzstufen. Damit das Konzept im Unterricht umsetzbar bleibt, wurden diese auf drei Stufen begrenzt. Innerhalb der einzelnen Kompetenzstufen wird aber wiederum unterschieden, über welche Zugangsweise (siehe oben) der Kompetenzerwerb stattfindet.

Durch die festgeschriebenen Kompetenzstufen kann ein Kind hinsichtlich seiner Fähigkeiten einer Stufe zugeordnet werden. Ziel soll es schließlich sein, das vorhandene Wissen des Kindes zu sichern und zu automatisieren, um es auf die nächsthöhere Kompetenzstufe zu bringen.

*Dachkompetenz*

Die Dachkompetenz stellt die Zielkompetenz innerhalb eines Rechtschreibphänomens dar. Hat ein Mensch diese Stufe erreicht, bedeutet es, dass er ein sicherer Rechtschreiber ist, der variabel und flexibel mit dem entsprechenden Rechtschreibphänomen umgehen kann. Bei der Verschriftung von Fremdwörtern, die auch im Deutschen immer mehr Einzug halten, wird das Nachschlagen im Lexikon / Wörterbuch trotzdem immer eine nicht zu unterschätzende Strategie bleiben.

### Fazit

Bildlich gesprochen kann man einen Berg nicht besteigen, indem man vom Fuße übergangslos zum Gipfel springt. Vielmehr muss man von der Talstation über Zwischenstationen zum Gipfelkreuz langsam hinaufsteigen. Dabei darf die Motivation nicht abfallen, da es ansonsten sehr mühsam wird. Nicht jeder beginnt seine Bergtour jedoch an der Talstation. Manche befinden sich beim Start ihres Aufstieges bereits irgendwo zwischen Fuß und Gipfel. Außerdem gibt es Wanderer, die viele Pausen brauchen, und solche, die durchmarschieren. Bei jeder Wanderung spielt immer auch ein sinnvoll gepackter Rucksack mit wetterfester Kleidung, Essens- und Trinkvorräten eine wichtige Rolle.

**So ähnlich ist dies auch im Rechtschreibunterricht. Man holt den Schüler auf der Stufe ab, auf welcher er sich gerade befindet und begleitet ihn dann auf seinem Weg in Richtung Gipfel. Den Weg geht das Kind aber selbst und es bestimmt auch selber, wie viele Pausen es braucht. Ziel darf nie der Gipfel, sondern muss der gemeinsame Weg sein! Allerdings kann man dem Kind beim Packen des Rucksacks helfen und ihm nützliche Strategien und verständliche Regeln mit auf den Weg geben.**

Schüler in der zweiten Klasse sind in der in der Regel Bergsteiger-Anfänger. Sie begeben sich erst allmählich auf den Rechtschreibweg. Das vorangehende Ziel in der ersten Klasse war es, Wörter so lautgetreu wie möglich zu verschriften. Nun stehen sie am Anfang des Aufstieges mit dem Ziel der orthografischen Richtigkeit im Fokus. Sie brauchen noch viele Pausen, also Stufen, auf denen sie verweilen können, müssen manche Stücke mehrmals gehen, manchmal auch ein Stück zurücklaufen, um schließlich die nächst höhere Stufe erklimmen zu können. In den Jahrgangsstufen 3/4 geht es darum, Regeln und Tricks zu wiederholen, zu üben, zu vertiefen und auf Spezialfälle zu übertragen.

Dies berücksichtigen wir in unseren Werken zusätzlich durch das **Spiralprinzip.** Das bedeutet, dass beispielsweise das Thema „Doppelmitlaut" in der 2. Jahrgangsstufe den Kindern erstmals unter Be-

rücksichtigung der verschiedenen Zugangsweisen präsentiert wird und die zugehörigen Regeln und Tricks erarbeitet werden. Diese werden innerhalb des fortlaufenden Schuljahres immer wieder zum Thema gemacht (Wiederholungskapitel). Außerdem tauchen sie auch in den Jahrgangsstufen 3 und 4 wieder auf, damit ein Kind sie festigen und sogar auf Sonderfälle wie *tz* und *ck* übertragen kann. So drehen die einzelnen Rechtschreibphänomene wie eine Spirale von der 2. bis zur 4. Klasse und sorgen dafür, dass die Kinder auf immer höhere Kompetenzstufen gebracht werden.

## Kompetenztest

Um feststellen zu können, wo ein Kind abgeholt werden muss, also auf welcher Kompetenzstufe es sich befindet, gibt es mehrere Möglichkeiten:

*Schülerbeobachtungen:* Äußerungen im Unterricht, Hefteinträge, frei geschriebene Texte, usw. Diese bieten oft schon eine grobe Vorstellung über den Lernweg sowie Lernstand des Kindes.

*Kompetenzstufentest:* Zu jedem neuen Rechtschreibphänomen im Arbeitsheft wird, wie bereits erwähnt, im Lehrerband ein Kompetenzenstall (= Kompetenzenübersicht) angeboten. Der dazugehörige Test mit Anleitung gibt eine detaillierte Übersicht darüber, welche Schüler sich momentan auf welcher Stufe befinden. Dies zeigt dem Lehrer auf, mit welchen Übungen begonnen werden muss. Die Lehrkraft entscheidet selbst, ob die Diagnose in seinen Händen verweilt oder aber auch den Schülern sowie Eltern offengelegt wird. Wichtig ist allerdings, dass der Kompetenzstufentest **nie** in eine Leistungsbeurteilung in Form von Noten einfließt. Er dient rein zur Feststellung des Leistungs-, Denkens- und Wissenstandes eines Schülers, um den Förderbedarf festzustellen.

*AHA-Seiten:* Jedes neue Rechtschreibphänomen wird mit den Kindern auf die gleiche Art und Weise eingeführt: Die Lernwörter werden den Kindern diktiert. Das darin enthaltene neue Rechtschreibphänomen ist den Schülern bewusst noch *nicht* im Vorfeld aus dem Unterricht bekannt (= selbstentdeckendes Lernen der Kinder). Durch die eigene Fehleranalyse, das Ordnen der neuen Wörter nach eigenen Kriterien und die eigenen AHA-Sätze der Kinder zum neuen Wortmaterial, bilden die Schüler selbst erste eigene Erkenntnisse, reaktivieren Vorwissen, vernetzen Bekanntes und Neues. Die Lehrkraft bekommt so einen guten Einblick in die Denkweise der Schüler.

Müller / Sichert / Trautner: Rechtschreibung kompetenzorientiert 4 – LB
© Auer Verlag – AAP Lehrerfachverlage GmbH, Augsburg

## Kompetenzorientierte Übungen

Um ein kompetenter Rechtschreiber zu werden, gilt es, sinnvoll und kompetenzorientiert zu üben. Das bedeutet: Jedes Kind braucht kompetenzorientierte Aufgaben, die es weder über- noch unterfordern und seine individuelle Zugangsweise zur Rechtschreibung berücksichtigen. Dazu bieten wir folgende Möglichkeiten:

*Kompetenzorientierte Übungen:* Im Lehrerband finden Sie eine Übersicht über die angebotenen kompetenzorientierten Übungen zum jeweiligen Rechtschreibphänomen passend zu den jeweiligen Kompetenzstufen. Diese können von der beiliegenden CD heruntergeladen werden. Der Übersicht halber sind diese Übungen mit Hähnen markiert: 1 Hahn entspricht Kompetenzstufe 1 usw. Innerhalb einer Kompetenzstufe muss der Lehrer selbst entscheiden, welcher Schüler welche Übung braucht (vgl. Zugangsweisen zur Rechtschreibung). Diese können im eigens dafür vorgesehenen Platz im Arbeitsheft eingeklebt werden. Darüber hinaus lassen sie sich gut als Lerntheke verwenden und sind zu unterschiedlichen Zeitpunkten im Schuljahr einsetzbar.

*Übungsseiten im Arbeitsheft:* Passend zu den Lernwörterblöcken findet man innerhalb des Arbeitsheftes festgelegte Übungen für alle Schüler gemeinsam. Diese berücksichtigen die drei oben genannten Zugangsweisen zur Rechtschreibung und behandeln einen bestimmten Rechtschreibfall mit seinen Regeln und Tricks auf zwei Seiten sehr speziell. Hier richteten wir uns nach einem mittleren Kompetenzen-Niveau, das einer ganzen heterogenen Klasse gerecht werden muss. Der Lehrer hat selbst die Möglichkeit, bei Verdacht auf Überforderung eines Kindes eine Übung wegzulassen. In jedem Kapitel gibt es zudem freie Zeilen für individuelle, kompetenzorientierte Übungen (siehe oben).

*Wortdiktat:* Jeder Schüler bekommt die neuen Lernwörter (identisch mit dem Arbeitsheft) kopiert auf kleinen Kärtchen. Hier ist, genau wie im Arbeitsheft, Platz für individuelles Wortmaterial. Vor jedem Wort finden sich drei kleine Hähne. Dem Schüler sollen die Lernwörter in Reinform immer wieder diktiert werden (Lehrer, Klassenkamerad, Mutter/Vater). Wird ein Wort richtig geschrieben, darf ein Hahn angemalt werden. Ziel ist es, ein Wort so lange immer wieder diktiert zu bekommen, bis alle Hähne angemalt sind.

*Lernwörterplan:* Im Arbeitsheft auf den Seiten 84/85 finden Sie einen Lernwörterplan für die 4. Klasse mit vielfältigen Übungsmöglichkeiten. Diese werden den Kindern individuell nach Übungsbedarf in der Morgenarbeit, als Hausaufgaben, in der Übungsstunde oder im Wochenplan zugeteilt oder vom Kind selbst gewählt.

*Diktat:* In jedem Kapitel im Lehrerband bieten wir ein Diktat zum jeweiligen Rechtschreibphänomen und Lernwörterblock an. Dieses ist als Lauf-/Partner-/Dosendiktat, aber auch als reiner Übungstext einsetzbar.

*Satz des Tages:* Wahrscheinlich nicht täglich (jedoch regelmäßig) ist es sinnvoll, den Kindern einen Satz zu diktieren und diesen gemeinsam im Unterricht Wort für Wort zu besprechen. Dabei werden die bereits bekannten Regel- und Trickkarten hinzugezogen. Die Rechtschreibphänomene werden auf diese Art und Weise immer wieder behandelt, geübt und wiederholt. Die Sätze des Tages finden Sie passend zu den einzelnen Kapiteln im Wiederholungsblock innerhalb des Lehrerbandes.

*Fächerübergreifender Unterricht:* Gerade Überschriften für Hefteinträge in den jeweiligen Unterrichtsfächern, Fachbegriffe, Namen etc. lassen sich sehr gut immer wieder aus rechtschriftlicher Sicht betrachten und analysieren.

## 3. Die konkrete Arbeit mit Arbeitsheft und Lehrerband

### AHA-Seite im Arbeitsheft

Damit beginnt jedes neue Kapitel, in welchem ein spezielles Rechtschreibphänomen behandelt wird:

- Der Lehrer diktiert den Schülern die neuen, noch unbekannten Lernwörter.
- Die Kinder kontrollieren diese entweder mithilfe von ausgeteilten Wortkarten oder mit den Wörtern an der Tafel/auf einer Folie.
- Die Schüler kommen dadurch selbst zu einer Fehleranalyse.
- Die nun verbesserten Wörter werden nach gefundenen Kriterien der Kinder geordnet und die Ordnung begründet. *(= Ich-Phase)*
- Die bisherige Arbeit wird mit einem Partner besprochen. *(= Du-Phase)*
- Jedes Kind formuliert seine eigenen Erkenntnisse in einem AHA-Satz.
- Diese Arbeitsheft-Seite ist Basis für die Unterrichtsstunde (siehe jeweiliger Verlaufsplan innerhalb jedes Kapitels im Lehrerband) zum neuen Rechtschreibphänomen. *(= Wir-Phase)*

Müller/Sichert/Trautner: Rechtschreibung kompetenzorientiert 4 – LB
© Auer Verlag – AAP Lehrerfachverlage GmbH, Augsburg

Das hiermit verwirklichte **Ich-Du-Wir-Prinzip** ist grundlegend für die Weiterentwicklung der Rechtschreibfähigkeit der Kinder. Erst macht sich jeder einzelne Schüler eigene Gedanken zum neuen Thema. Danach helfen die Ideen des Partners weiter, um die eigenen Entdeckungen zu untermauern, erweitern oder zu transformieren. Zuletzt werden Gedanken der gesamten Klasse mithilfe der Moderation des Lehrers gesammelt, diskutiert und strukturiert. Es kann eine gemeinsame Regel und Strategie formuliert werden (siehe Regeln / Tricks im Lehrerband zu den jeweiligen Kapiteln).

Wichtig: Die vorangehenden AHA-Seiten dürfen **nie** von fremder Hand korrigiert oder verbessert werden! Lehrer und Eltern können mittels dieser Seiten sehen, wie das Kind denkt. Der Schüler muss selbst die Möglichkeit haben, seine bereits bekannten Denkmuster anzuwenden, zu überdenken und zu erweitern – ganz individuell nach seiner momentanen Kompetenz.

### Wörterstall-Seite

Nachdem jedes Kind seine eigenen Strategien in Hinblick auf die neuen Lernwörter angewendet, erweitert und transformiert hat, kann mit dem kompetenzorientierten Üben begonnen werden:

- Die neuen Wörter werden, falls möglich, in Zweisilber umgewandelt und in die Eierhälften neben dem Wörterstall geschrieben. Eigenes Wortmaterial findet hier Platz.
- Schließlich werden sie den Wortarten zugeordnet.
- Anschließend wird in die drei Kategorien – *Abhörwort / Regel- / Trickwort / Merkwort* – untergliedert. Hierbei ist es wichtig, dass eine Begründung eingefordert wird.
- Die passende *Regel* / der passende *Trick*, welche(r) gemeinsam in der Vorstunde erarbeitet wurde, wird erneut besprochen und in eigenen Worten noch einmal wiedergegeben. Er ist im Arbeitsheft fest abgedruckt, damit dieses den Kindern auch als Nachschlagewerk dienen kann.

### Übungsseiten

Hier wird vor allem an dem neuen Rechtschreibphänomen geübt. Bereits bekannte Rechtschreibphänomene werden nach dem Spiralprinzip immer wieder einfließen, damit sie automatisiert und vertieft werden können.

Nach dem Abschluss eines Kapitels (circa immer 2 Wochen) wird mit dem nächsten Kapitel auf genau dieselbe Art und Weise begonnen.

## Wiederholungskapitel

Dieses bietet nochmals die Möglichkeit, die in den letzten Wochen behandelten Rechtschreibphänomene zu festigen. Die Rahmengeschichte dazu bietet der Hahn Henri mit seiner Familie, welcher die Kinder zum erneuten Üben motivieren soll.

Zu jedem Wiederholungskapitel werden im Lehrerband ein passendes **Diktat** sowie eine **Lernzielkontrolle** angeboten.

Passend zu einem Kapitel im Arbeitsheft finden Sie im Lehrerband eine entsprechende Sachanalyse, einen Kompetenzenstall mit Kompetenztest als Kopiervorlage und zahlreiche kompetenzorientierte Übungen (CD), eine Wortanalyse zum behandelten Wortmaterial, Diktatformen und Sätze des Tages, Regeln und Tricks zum Vergrößern für das Klassenzimmer und einen fertigen Stundenverlauf mit dazugehörigen Kopiervorlagen.

## Fazit

Die Gliederung des Arbeitsheftes verfolgt einen konstruktivistischen Grundgedanken. Ausgehend von den eigenen Entdeckungen der Kinder werden darauf aufbauend gemeinsam Regeln und Strategien (Tricks) erarbeitet, um ein Rechtschreibphänomen zu erschließen.

Wichtig ist dabei der regelhafte, immer wiederkehrende Aufbau. Dieser schafft Routine bei den Schülern und besonders leistungsschwächere Kinder benötigen erfahrungsgemäß genau diese Konstanz, um nicht überfordert zu werden.

Kinder sind immer wieder gerne dazu bereit, Wörter zu ordnen und stolz auf ihre selbstformulierten Erkenntnisse. Auch als Lehrkraft wird man immer wieder erstaunt sein, welche beeindruckenden Gedankengänge in den Kinderköpfen vorgehen. So bleibt Unterricht lebendig für Lehrer und Schüler.

Müller / Sichert / Trautner: Rechtschreibung kompetenzorientiert 4 – LB
© Auer Verlag – AAP Lehrerfachverlage GmbH, Augsburg

## Das sollte man wissen

Als Einstieg in die Arbeit mit dem Arbeitsheft wurde die Wiederholung der bereits bekannten Rechtschreibregeln/-strategien mit der Grundkompetenz des Abschreibens gekoppelt (s. vorangegangene Lehrerinformation). Innerhalb des Einstiegstextes wurden Lernwörter festgelegt, welche sich den verschiedenen Rechtschreibfällen zuordnen lassen (s. Analyse Wortmaterial).

An dieser Stelle geht es um die Schaffung eines groben Überblick. Ziel soll es nicht sein, *alle* hier aufgeführten Rechtschreibphänomene einzeln (nochmals) zu behandeln.

| Rechtschreibfall | Kurzerläuterung |
|---|---|
| **ie-Schreibung** | Die Besonderheit an der ie-Schreibung liegt darin, dass es eine eigene Schreibung für den gespannten vorderen oberen nicht-runden Vokal /i/ gibt: <ie>. Das heißt, dass i der einzige Vokal ist, bei dem die Vokalqualität in den meisten Fällen im Schriftbild (durch <ie>) markiert ist; d. h. bei dem eine Längenkennzeichnung durch <ie> gegeben ist. <br><br> **Das Phonem /I/ (<Stift>) wird als kurzer, ungespannter Vokal mit <i> verschriftet,** <br><br> **das Phonem /i/ (<Sieg>) dahingegen als langer, gespannter Vokal mit <ie>.** <br><br> **Ausnahmen:** In Einzelfällen wird das lange /i:/ als <ih> (ihr), <ieh> (ziehen) oder auch als einfaches <i> (Tiger) verschriftet. <br><br> **Regel:** <br> „Höre ich ein kurzes /i/ schreibe ich <i>, <br> höre ich ein langes /i/ schreibe ich <ie>." <br><br> **Strategie:** <br> Silbischen Sprechens (Schwingen, Wippen, Gehen) <br> → „Bleibe ich auf /i/ stehen, so schreibe ich <ie>." |
| **Umlautung** | Im Deutschen werden Wortstämme meist gleich geschrieben (**Hund – Hund**e). Innerhalb einer Wortfamilie wird **ein Lautwechsel** durch die Umlautung gekennzeichnet (*Ast – Äste; Busch – Büsche; Loch – Löcher; Baum – Bäume*). Dies bedeutet den lautlichen Wechsel der Vokale <a>, <u> und <o> sowie des Diphthongs <au> durch Flexion zu <ä>, <ü>, <ö> sowie <äu>. <br><br> Die Umlautungen <u> → <ü> und <o> → <ö> weisen keine besonderen Schwierigkeiten auf. Die Besonderheit der Umlautung von **a** bzw. **au** ergibt sich durch die lautliche Verwechslungsmöglichkeit von <ä> und <äu> zu <e> bzw. <eu>. <br><br> **Ausnahmen:** Diese ergeben sich dann, wenn keine Wortform hergeleitet werden kann. So bei *Säule, März, Lärm, Bär, …* <br> Zudem ein besonderes Phänomen stellen Nomen dar, welche durch Pluralbildung keine Umlautung aufweisen (*Nase – Nasen, Auge – Augen, …*), jedoch bei der Verkleinerung umgelautet werden (*Näslein, Äuglein, …*) <br><br> **Strategien:** <br> Am wohl leichtesten ist der Zusammenhang zwischen Einzahl und Mehrzahl zu erfassen (s. Beispiele oben). Dies ist bei Nomen der Fall. <br> Bei Verben muss die Grundform gebildet werden (er *fällt – fallen*), bei Adjektiven die Grundstufe (*wärmer – warm*). <br><br> Neben diesen Formen gibt es Umlautungen, die eine Rückführung in eine andere Wortart fordern. Bei diesen komplexen Fällen muss demnach die Wortfamilie herangezogen werden (*hängen – der Hang*). |
| **Auslautverhärtung** | Die Auslautverhärtung (ALV) geht auf das Wortstamm-Prinzip zurück. Gleiche Wortstämme werden gleich geschrieben (*Hund – Hunde*). In der einsilbigen Wortform wird oft ein hartes /t/ (/p/, /k/) gesprochen, aber in Anlehnung an den Zweisilber ein <d> (<b>, <g>) geschrieben. Ausnahmen: kurze Wörter wie *ab, ob, und* |

| | |
|---|---|
| **Kombinatorische Verhärtung** | **Strategie:**<br>Bilden von zweisilbigen Formen<br>Bei Nomen und Adjektiven: Aus /p/, /t/ und /k/ wird \<b\>, \<d\> und \<g\>, wenn durch Pluralbildung (bei Nomen) oder Steigerung bzw. Deklination (bei Adjektiven) der gleiche Stamm erkennbar ist.<br><br>Schwieriger ist es, wenn die Verhärtung in der Mitte eines Wortes (bei Verben, Zusammensetzungen und weiteren Wortbildungen) auftritt. Beschwerlich sind beispielsweise Wortzusammensetzungen wie *Burghof* (*Bur-gen*) oder Wortbildungen wie *bewegt* (*We-ge*). Auch bei Verbformen wie *er lügt* oder *er lobt* (*\*er lükt, er lopt*) ergeben sich Schwierigkeiten. Hier muss auf die Grundform (*lügen, loben*) rückgeführt werden, welche aber für Kinder eventuell auf den ersten Blick nicht ersichtlich ist. Bei diesen Beispielwörtern werden durch das \<t\> am Ende die Konsonanten verhärtet. Man spricht deshalb von „kombinatorischer Verhärtung". Durch Verbflexion entstehende präteritale Formen (*er gab, er fand, er flog*) werden ebenfalls mit /p/, /t/ und /k/ gesprochen. Hier muss die Wir-Form (*wir gaben, wir fanden, wir flogen*) oder ggf. die Grundform (*geben, finden, fliegen*) gebildet werden, um die korrekte Schreibung zu ermitteln. |
| **Doppelter Mitlaut / tz- und ck-Schreibung** | Die Mitlautverdopplung (MLV) ist ein durchgängiges rechtschriftliches Phänomen der deutschen Orthografie.<br><br>Zum Rechtschreibphänomen Mitlautverdopplung zählen zudem die **Schreibungen mit \<tz\> und \<ck\>**. Sie sind die grafische Variante zur Verdopplung von \<z\> und \<k\>, da es im Deutschen die Schreibungen \<zz\> und \<kk\> nicht gibt.<br><br>**Ausnahmen:**<br>„Kleine Wörter" wie beispielsweise *in, im, von, ab, an, am, bin, um* weisen keinen doppelten Mitlaut auf, da es sich nicht um Silbengelenke handelt (aber: *wenn, wann, dann, denn*, da sie von historischen Zweisilbern abgeleitet wurden).<br>Ebenso als Ausnahmen gelten Endungen wie *-nis* (*Zeugnis*; aber *Zeugnisse* s. oben) oder *-in* (*Schülerin*; aber *Schülerinnen*). In Fremdwörtern wie *fit* findet sich kein doppelter Mitlaut (aber: *fitter*)<br><br>In Hinblick auf den **lautlichen Aspekt** gilt folgende Regel: *Einem kurzen Vokal folgen zwei Konsonanten. Ist nur ein Konsonant zu hören, wird dieser doppelt verschriftet.*<br>Ich schreibe also *Himmel* (auf kurzen Vokal folgt **ein** Konsonant) und *halten* (auf kurzen Vokal folgen **mehrere** Konsonanten).<br>Wird die Regel auf den ersten Satz verkürzt, so ist sie nicht mehr eindeutig. Kinder verschriften demnach eventuell Wörter wie *\*hallten* o. Ä.<br><br>In Hinblick auf die **Silbe** gilt die Regel:<br>*Der Konsonant am Silbengelenk wird doppelt verschriftet, um für die erste als auch die zweite Silbe einen Buchstaben bereitzustellen.*<br>Die Silbe wiederum kann man aus zweierlei Sichtweisen nutzen, um daraus die Rechtschreibung zu ermitteln.<br><br>*Mündlicher Sprachgebrauch:*<br>Steht zwischen einem betonten ungespannten und einem unbetonten Vokal ein einzelner Konsonant, ist dieser Konsonant *Silbengelenk*. Beim Wort *Sonne* gehört das /n/ also zur ersten als auch zur zweiten Silbe. Die Silbengrenze liegt dazwischen (*Son-ne*). |

Müller/Sichert/Trautner: Rechtschreibung kompetenzorientiert 4 – LB<br>© Auer Verlag – AAP Lehrerfachverlage GmbH, Augsburg

| | |
|---|---|
| | *Silbenaufbau:*<br>Da die zweite Silbe regelhaft mit einem Konsonanten beginnt, muss die erste Silbe mit dem entsprechenden enden. Sonst hieße es *So-ne*. Denn je nach Stellung innerhalb der Silbe ändert sich der Klang des Vokals (hier /o/). Steht der Vokal am Ende der Silbe, handelt es sich um eine offene Silbe und der Vokal wird lang gesprochen. Steht der Vokal inmitten der Silbe, handelt es sich um eine geschlossene Silbe und der Vokal wird kurz gesprochen. So muss hinter das <o> noch ein Konsonant; nämlich das <n>.<br><br>Laut /s/: Im Bereich der Mitlautverdopplung ist dieser regelhaft. Je nach Strategie (Laut oder Silbe) wird regelhaft nach kurzem Vokal der stimmlose s-Laut als <ss> verschriftet: *Was-ser; nass* (die *nas-se* Wiese); usw. (Ausnahmen: *das, was, des, bis*)<br>Wörter mit der Endung -nis und wenige weitere Fremdwörter werden in der Einzahl mit einfachem <s> verschriftet: *Zeugnis, Geheimnis, Atlas, Bus* (←→ *nass*). |
| **h-Schreibung** | Grundsätzlich wird zwischen dem **stummen h** (auch Dehnungs-h) und dem **silbentrennenden h** unterschieden.<br><br>Das **stumme <h>** folgt auf einen Langvokal (**Oh-**ren, z**ah-**len) in der 1. Silbe, ist jedoch die Ausnahme zur Längenkennzeichnung. Normalerweise ist der Langvokal bereits automatisch durch die offene Silbe markiert (*Ho-se, ma-len*). Zudem kann der Langvokal durch einen doppelten Vokal gekennzeichnet sein (*Boot, Haare*).<br><br>Oft begegnet man der Regelung, dass ein stummes h dann verschriftet wird, wenn die 2. Silbe mit l, m, n, r beginnt (*feh-len, neh-men, Fah-rer*). Dieser „Trick" ist jedoch nicht unbedingt zielführend, da wieder viele Ausnahmen existieren (*Schu-le, schö-ne, grü-ne*) und Kinder zu Übergeneralisierungen neigen.<br>Sicher: Wenn ein stummes h vorhanden ist, endet die 1. Silbe immer mit selbigem (*Oh-ren*).<br>→ keine *eindeutige* Regel oder Strategie zur Schreibung von stummem h → *Merkwörter.*<br><br>Das <u>silbentrennende <h></u> ist über den Silbenaufbau zu erklären:<br>Steht in der 1. betonten Silbe ein Vokal (auch nach <ie>. und beginnt die 2. Silbe mit einem unbetonten Vokal (/e/), so wird ein <h> verschriftet (*ge-hen, Kü-he, zie-hen*), da ansonsten zwei Vokale aufeinandertreffen würden (*\*geen, \*Küe, \*zie-en*). Dieses <h> wird zwar nicht gesprochen, aber beim Wippen / Schwingen / Gehen der Silbe „gemerkt".<br>Nach Diphthongen schreibt man kein silbentrennendes <h> (*schau-en, freu-en*). Unregelmäßig ist es wiederum bei <ei> (*schrei-en, wei-hen*).<br>Somit führt auch das Betonen des silbentrennenden <h> über die Silbe zu Übergeneralisierungen wie *\*schrei-hen*.<br><br>**Anmerkung:**<br>Selbst für kompetente Rechtschreiber ist es schwierig, überhaupt zur Unterscheidung zwischen silbentrennendem <h> und stummem <h> zu gelangen.<br><br>→ Die **Regel**/ der **Trick** für Kinder müsste lauten:<br>„Ich schreibe nur dann ein stummes h, wenn ich weiß, dass es in dieses Wort gehört. Wenn ich mir nicht sicher bin, muss ich im Wörterbuch nachschauen." (siehe Wörterbucharbeit) |
| **Wörter mit V/v, ß, Doppelvokalen und den ks-Lauten (ks, chs, x)** | Alle diese Buchstaben (und Buchstabengruppen) betreffenden Schreibungen stellen für die Kinder Merkschreibungen dar und unterliegen keiner Strategie. |

Wichtig ist es jedoch, dass immer gezielt unterschieden wird, ob es sich um eine konkrete Regel oder eine Strategie (einen Trick) handelt.

Müller / Sichert / Trautner: Rechtschreibung kompetenzorientiert 4 – LB<br>© Auer Verlag – AAP Lehrerfachverlage GmbH, Augsburg

Die Strategien (Tricks) sind:

**Grundform bilden**

**Mehrzahl bilden**

**Zweisilber bilden**

**Steigerung bilden**

**Wortfamilie bilden**

**Grundstufe bilden**

**Einzahl bilden**

## Kompetenzstufentest

Dieser Kompetenztest bildet den Einstieg in die Wiederholungssequenz und dient der Lehrkraft als wichtiges Diagnosemittel, um einen Überblick darüber zu bekommen, bei welchem Kind welche rechtschriftlichen Vorkenntnisse in welcher Ausprägung vorhanden sind. Davon ausgehend kann eine Einschätzung über individuelle Fördermaßnahmen getroffen werden und dem Kind entsprechende kompetenzorientierte Übungen zu den oben aufgeführten rechtschriftlichen Phänomenen angeboten werden. Außerdem erhält die Lehrkraft eine erste Einschätzung über das rechtschriftliche Leistungsniveau der Klasse, welches ihr Orientierung in der unterrichtlichen Weiterarbeit gibt.

Müller / Sichert / Trautner: Rechtschreibung kompetenzorientiert 4 – LB
© Auer Verlag – AAP Lehrerfachverlage GmbH, Augsburg

Name: _____    Datum: _____

## Richtig schreiben – Das weiß ich noch aus der 3. Klasse

**1. Schreibe die diktierten Wörter auf. Setze nach jedem Wort ein Komma.**

| |
|---|

| |
|---|

| |
|---|

| |
|---|

| |
|---|

**2. Schreibe richtig ab.**

*Hubert kommt nun schon in die vierte Klasse. Er freut sich sehr, seine Schulfreunde und die Lehrerin Kati Katze wieder zu treffen.*

| |
|---|

| |
|---|

| |
|---|

| |
|---|

**3. Oh je – alles ist groß- und zusammengeschrieben. Schreibe in richtiger Groß- und Kleinschreibung auf.**

*DERJUNGEHAHNISTAUCHAUFGEREGT.ERWIRDVIELENEUEDINGELERNEN. BESTIMMTMACHTERAUCHWIEDERINTERESSANTEAUSFLÜGEMITDERKLASSE.*

| |
|---|

| |
|---|

| |
|---|

| |
|---|

**4. Welchen Ausflug möchtest du mit deiner Klasse unternehmen? Schreibe 2 oder 3 schöne Sätze auf.**

| |
|---|

| |
|---|

| |
|---|

**5. Bilde aus den einsilbigen Wörtern zweisilbige und schreibe sie getrennt auf.**

Bild –                 Bil-der                    lang –              _____ - _____

er fragt – _____ - _____           sie sieht – _____ - _____

Sohn – _____ - _____              *eins – _____ - _____

**6. Hier haben sich Fehler eingeschlichen. Streiche das falsche Wort durch und schreibe es richtig darüber.**

_____

*Hubert schlept eine grose Tüte ins Klassenzimer. (3)*

_____

*er hat Schtifte, Bletter, Bücher, Lineal und Radirgummi und einen Spizer dabei. (5)*

_____

*Vor Aufregung hat er leider seinen Linken Hauschuh fergessen. (3)*

**7. Welche Regeln zum Rechtschreiben kennst du noch? Schreibe sie auf.**

_____

_____

_____

_____

_____

_____

_____

_____

_____

**8. So schätze ich mich selber ein. Kreuze an.**

☐ Ich bin sehr gut im Rechtschreiben.

☐ Ich kann viele Wörter richtig schreiben.

☐ Ich bin mir bei vielen Wörtern nicht sicher, wie man sie richtig schreibt.

*Das war für mich die leichteste Aufgabe: _____*

*Das war für mich die schwierigste Aufgabe: _____*

Müller/Sichert/Trautner: Rechtschreibung kompetenzorientiert 4 – LB
© Auer Verlag – AAP Lehrerfachverlage GmbH, Augsburg

## Auswertungsbogen

**Rechtschreibkompetenz von** _____ **am Anfang der 4. Klasse**

Sicherheit in den Rechtschreibfällen

| Fall | Fehler | Besondere Auffälligkeiten |
|---|---|---|
| Lautgetreues Schreiben | | |
| Groß- und Kleinschreibung | | |
| Umlautung | | |
| ie | | |
| Auslautverhärtung | | |
| h-Schreibung | | |
| Doppelmitlaut (ck/tz) | | |
| ß | | |
| V/v | | |
| Merkschreibung | | |

Abschreibleistung: _____

Bildung von Prototypischen Zweisilbern: _____

Regelkenntnis: _____

Selbsteinschätzung: _____

Fazit / Förderbedarf:

_____

_____

**Zu 1.:** Lehrerinfo: _Der Lehrer diktiert die Wörter Käfer, Katze, Lohn, Tiger, Skizze, Lexikon, er stempelt, Vulkan, er wechselt, Fahrradtour, Ängste, weiß, sie rennt, Herz, er backt, es liegt, sie schenkt, Sekunde, sie vergisst, länger, außerhalb, Kuh, sie liegt, Strand, sie dreht sich, links, sportlich_
Das Wortmaterial stammt aus dem Wortschatz unserer Bände 2 und 3. Zum Teil wurden die Wörter verändert. Somit ist zu erkennen, wie gut die Kinder die bereits bekannten Wörter noch beherrschen. Wichtig an dieser Stelle ist es, eine Strichliste zu den RS-Fällen zu führen, um die Fehlerquellen auch schülerspezifisch auswerten zu können und nicht zu verallgemeinern.

**Zu 2.:** Auch an dieser Stelle ist es wichtig, eine Strichliste zu den RS-Fällen zu führen sowie Erkenntnisse über die allgemeine Abschreibleistung der einzelnen Schüler zu vermerken.

**Zu 3.:** Hier sollten Fehler bei der Groß- und Kleinschreibung eingetragen werden sowie die Erkenntnisse über die allgemeine Abschreibleistung der einzelnen Schüler mit Aufgabe 2 verglichen und bestätigt bzw. revidiert werden. Wiederum wird die Strichliste zu den Rechtschreibfällen weitergeführt.

**Zu 4.:** An dieser Stelle bietet es sich auch an, eine Strichliste bezüglich der Rechtschreibphänomene zu führen. Vor allem die Groß- und Kleinschreibung sollte beobachtet werden.

**Zu 5.:** Diese Aufgabe gibt Aufschluss über die Fähigkeiten der Bildung von Prototypischen Zweisilbern, welche im Folgekapitel noch einmal explizit behandelt werden. Interessant kann an dieser Stelle sein, auf welche Art und Weise die Kinder zweisilbige Formen bilden; d. h. beispielsweise:
Bildet ein Kind lang – länger (Steigerung) oder lang – Länge (Wortartwechsel)?
Findet der Schüler/ die Schülerin eine Lösung zum Wort „eins" (Einser)?

**Zu 6.:** Fehleranalyse: *er schleppt, Klassenzimmer, Spitzer* → doppelter Mitlaut
*Radiergummi* → ie – Schreibung
*Er* → Großschreibung am Satzanfang
*Blätter* → Umlautung
*Hausschuh* → Zusammensetzung
*vergessen* → Vorsilbe ver → V/v-Schreibung
Fehler werden in der Strichliste vermerkt.

**Zu 7.:** Hier werden sich die unterschiedlichsten Gedanken der Kinder finden, welche Aufschluss über die bereits erlernten Rechtschreibstrategien geben können.

**Zu 8.:** Zuletzt soll sich zeigen, wie sich das Kind selbst in seiner allgemeinen Rechtschreibkompetenz einschätzt.
Interessant: Schätzt sich ein Kind zu gut / zu schlecht / realistisch ein?

*Allgemeiner Hinweis:*
Primär geht es in diesem Kapitel um die Wiederholung der bereits bekannten rechtschriftlichen Besonderheiten. Innerhalb des Tests wird ebenfalls die Groß- und Kleinschreibung abgefragt, wodurch im Folgeunterricht das Augenmerk bei Bedarf wiederkehrend auf dieses orthografische Prinzip (grammatisches Prinzip) gerichtet werden kann. Um keine Überforderung hervorzurufen, wird die Groß- und Kleinschreibung innerhalb eines eigenen Kapitels noch einmal gezielt aufgegriffen.

## Zum Wortmaterial

Als Lernwörter wurden folgende Wörter des Textes ausgewählt:

**Gewitter, Raubkatze, es glänzt, Fahrrad, Schweiß, fröhlich, Luchs, Picknick, Blitz, er putzt, niemals, sie sieht, Verkehr, es rinnt, Zoo, Stier, steil**

Allgemein lässt sich das verwendete Wortmaterial innerhalb des Textes den einzelnen (bereits bekannten) Rechtschreibphänomenen zuordnen:

| RS-Phänomen | Wortmaterial |
|---|---|
| Doppelmitlaut | Gewi**tt**er, es ri**nn**t |
| ck / k | Pi**ck**ni**ck**, |
| tz / z | Raubka**tz**e, er pu**tz**t, Bli**tz**, |
| Umlautung | es gl**ä**nzt, |
| ALV / kombinatorische Verhärtung | Rau**b**katze, Fahrra**d** |
| ie | n**ie**mals, s**ie** sieht, St**ie**r |
| ß | Schwei**ß** |
| V/v | **V**erkehr |
| Silbentrennendes h | sie sie**h**t |
| Merkschreibungen | Fa**h**rrad, fröhlich, Lu**chs**, Verkehr, **Z**oo |

**steil = Abhörwort (da davon ausgegangen wird, dass die St/st; Sp/sp-Schreibung mittlerweile verinnerlicht ist)**

Müller / Sichert / Trautner: Rechtschreibung kompetenzorientiert 4 – LB
© Auer Verlag – AAP Lehrerfachverlage GmbH, Augsburg

# 1. Wiederholung der Regeln und Tricks aus Klasse 3

## Erarbeitungsvorschlag

### Einstieg

- Gesprächsanlass: AHA-Seite aus dem Arbeitsheft [AH 5]
  - Eingehen auf die Fehler der Kinder: Wer findet welches Wort schwer und warum?
  - Erklären der gefundenen Ordnungen / AHA-Sätze durch die Kinder

  *Hier ist es wichtig, sich genügend Zeit zu nehmen, um den Kindern wieder unterschiedliche Ordnungs-möglichkeiten ins Gedächtnis zu rufen und ihnen aufzuzeigen, dass alle Ordnungen, die begründet wer-den können, ernstgenommen werden. Mögliche Ordnungen sind: Abc, Wortarten, Silben, Abhör-/Regel-/ Trick-/Merkwort.*

### Erarbeitung

- Impuls: Lehrer präsentiert seine Ordnung **Abhör-/Regel-/Trick-/Merkwort** zunächst unkommentiert → erste Ideen zu Regeln und Tricks
- Zielangabe: Du sollst heute überlegen, welche Regeln und Tricks du noch kennst.
- GA (heterogen/homogen): Herausarbeiten der bekannten Strategien/Regeln und notieren (Heft/Block, …)
- Unterrichtsgespräch: Sammeln der Ergebnisse
- Regeln und Tricks an Tafel visualisieren

  *Da manche Kinder über das lautliche Prinzip gehen, ist es nötig, die Unterscheidung zwischen Kurz- und Langvokal anzusprechen (→ Regel). Aber auch der Weg über die Silbe soll allen Kindern noch einmal verdeutlicht werden (→ Tricks/Strategien).*

### Sicherung

- EA/PA: Wörter noch einmal bewusst abschreiben, sich diktieren lassen
  → RS-Besonderheiten gelb markieren

## Weiterarbeit

- Gemeinsames Gestalten der Lernwörtertafel/-wand/-ecke
- Bearbeiten der [AH 6 ff.] im Arbeitsheft
- Kompetenzorientierte Übungen, siehe ⊙
- Arbeit mit dem Lernwörterplan

*Es liegt auf der Hand, dass es einige Kinder überfordern könnte, ALLE bereits bekannten Regeln noch einmal zu aktivieren und den aktuellen Lernwörtern zuzuordnen. Dennoch ist diese „Überforderung" an dieser Stelle nötig, um den Schülern eine Übersicht zu verschaffen, welche Regeln/Tricks bereits bekannt sein sollten und wie daran weitergearbeitet und geübt wird.*

*Ist der Lehrkraft aus dem vorangehenden Kompetenztest ersichtlich, dass ein leistungsschwächeres Kind mit nahezu allen Rechtschreibphänomenen überfordert ist, so empfiehlt es sich, die weiterführende Übung auf einen konkreten Fall (beispielsweise die ie-Schreibung) zu beschränken. Kinder, die alle im Kompetenztest be-handelten Rechtschreibphänomene sicher beherrschen, können zu jedem Rechtschreibfall eine (anspruchsvol-le) Übung auswählen und selbst noch einmal überprüfen, ob der jeweilige Rechtschreibfall sicher beherrscht wird.*

*Ziel soll es sein, die aufgedeckten Lücken durch das Bearbeiten der kompetenzorientierten Übungen gezielt zu schließen und die bereits bekannten Regeln und Tricks erneut ins Gedächtnis zu rufen.*

*Diese unterschiedlichen Rechtschreibfälle tauchen im Sinne des Spiralprinzips im Laufe des Schuljahres im-mer wieder auf und sollen somit erweitert werden.*

Müller/Sichert/Trautner: Rechtschreibung kompetenzorientiert 4 – LB
© Auer Verlag – AAP Lehrerfachverlage GmbH, Augsburg

## Material

*Wortkarten für die PA/GA oder Tafel*

| | | | | |
|---|---|---|---|---|
| Gewitter | Raubkatze | rauben | Katze | Stier |
| Stiere | es glänzt | glänzen | Fahrrad | fahren |
| Räder | Schweiß | fröhlich | Luchs | Picknick |
| picknicken | Blitz | blitzen | er putzt | putzen |
| niemals | sie sieht | sehen | Verkehr | kehren |
| es rinnt | rinnen | Zoo | steil | steiler |
| Glanz | Rad | Luchse | frohe | |

*Lernwörter für das Lernwörterheft*

Gewitter · Raubkatze · Stier · es glänzt
Fahrrad · Schweiß · fröhlich · Luchs
Picknick · Blitz · er putzt · niemals
sie sieht · Verkehr · es rinnt · Zoo
steil · Glanz · Rad · _____
Luchse · frohe · _____ · _____

## Arbeitstext/Diktat

Das Diktat bildet der zugehörige Arbeitstext aus dem Arbeitsheft der Kinder. Dieser kann zur Übung erneut diktiert bzw. durch unterschiedlichste Diktatformen eingeübt werden. Nachdem das Wiederholungskapitel inhaltlich sehr umfangreich und anspruchsvoll (unterschiedlichste Rechtschreibphänomene, Merkschreibungen, Vergangenheitsformen,...) ist, wird hier bewusst der bereits bekannte Text geübt, um eine Überforderung zu vermeiden. Am Ende der Sequenz kann dieser Text auch zur Diagnose herangezogen werden.

Müller/Sichert/Trautner: Rechtschreibung kompetenzorientiert 4 – LB
© Auer Verlag – AAP Lehrerfachverlage GmbH, Augsburg

Ha.lo liebe Kinder der Klasse _____ !

Auch wenn ich mich jetzt wieder sehr auf die Schule freue, werde ich meine ersten großen Ferien niemals vergessen.

Von einem ganz besonders aufregenden und fröhlichen Tag möchte ich euch berichten:

Früh am Morgen putzten wir alle unsere Fahrräder, bis sie glänzten.

Nur Hanna saß im Schatten und schaute zu.

Sie durfte noch nicht draußen im Verkehr fahren. | Das war zu gefährlich für sie.

Bevor es losging, rannte Hubert wie ein wilder Stier in sein Zimmer und holte das Körbchen für Hanna.

Die Fahrt war angenehm. Nur einmal kam ein steiler Berg.

Vor Anstrengung rann mir der Schweiß in Strömen vom Gesicht.

Doch für die vielen Tiere im Zoo lohnte es sich.

Ich sah einen Luchs und viele andere Raubkatzen.

Auf dem Heimweg blitze es plötzlich und ein heftiges Gewitter zog auf.

Wir radelten wie verrückt und kamen gerade noch trocken zu Hause an.

Erleichtert kuschelten wir uns aneinander und aßen die Reste unseres Picknicks.

Jetzt bin ich aber auch gespannt, was ihr erlebt habt.

Ich freue mich auf eure Geschichten.

Euer Henri Hahn

## Kompetenzorientierte Übungen auf

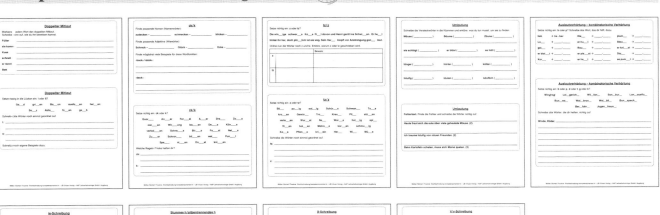

# 2. Prototypischer Zweisilber

## Das sollte man über die Bildung von Prototypischen Zweisilbern wissen

Deutsche Wörter sind **Prototypische Zweisilber**. Dies bedeutet, dass ein Wort in der Regel aus zwei Silben besteht, wobei immer die **1. Silbe betont** ist. **Verben** in der Grundform bilden hier die Regel (*den-ken, fra-gen, qua-ken*). Ein dekliniertes Verb (*er geht*) muss in die Grundform gesetzt werden (*ge-hen*), um wiederum einen Zweisilber zu erhalten.

**Substantive** und **Adjektive** begegnen uns oft in einsilbiger Form, welche sowohl beim Verlängern durch *Mehrzahlbildung* (Arm → Ar-me), *Steigerung* (*schön* → *schö-ner*) und *Deklination* (*schön* → die *schö-ne* Frau) als auch durch einen *Wortartwechsel* (*schön* → die *Schö-ne*) immer in eine zweisilbige Form gesetzt werden können. Hier bilden die beiden Lernbereiche „Richtig schreiben" und „Sprache untersuchen" eine Schnittstelle.

Viele der bereits in der 2. und 3. Jahrgangsstufe behandelten Rechtschreibphänomene, welche innerhalb der 4. Klasse nach dem Spiralprinzip wiederholt, gefestigt und vertieft werden sollen, lassen sich über die Bildung von Prototypischen Zweisilbern erklären. Deshalb wird innerhalb dieses Kapitels gezielt versucht, den Kindern erneut die **Strategien zur Bildung eines solchen Zweisilbers** noch einmal ins Gedächtnis zu rufen, zu vertiefen und gleichzeitig den Bezug zu den bereits gelernten Rechtschreibphänomenen herzustellen. Somit wird das Bewusstsein dahingehend geschult, dass die Kinder die Notwendigkeit der Bildung von Prototypischen Zweisilbern für das Erklären von Rechtschreibbesonderheiten erkennen.

*Kurzer Exkurs (Vorausblick):*
→ Mitlautverdopplung:      *Bett* → *Bet-ten*      *fällt* → *fal-len*      *schnell* → *schnel-ler*
→ Auslautverhärtung:      *Hund* → *Hun-de*      *fliegt* → *flie-gen*      *wild* → *wil-der*
→ Umlautung:      *fällt* → *fal-len*
→ silbentrennendes h:      *Floh* → *Flö-he*      *geht* → *ge-hen*      *froh* → *fro-her*

Anders herum ist es genauso wichtig, aus zweisilbigen Formen einsilbige Wörter ableiten zu können.
→ Umlautung:      *Häu-ser* → *Haus*

Folgende Kompetenzen können dabei erworben werden:

## Kompetenzstufen

Flexible Bildung
von Prototypischen Zweisilbern /
Bildung von einsilbigen Formen an beliebigem
Wortmaterial, um sich Rechtschreibphänomene erklären zu können

| Pluralbildung bei Substantiven | Grundformbildung bei Verben | Steigerung bei Adjektiven | Wortartwechsel | Erkennen von Wortbildungsprozessen |
|---|---|---|---|---|
| Haus – Häuser | riecht – riechen | stark – stärker | <u>Adj. – Nomen</u><br>lieb – Liebe | Zusammensetzungen:<br>hellblau = hell + blau<br>→ hel-ler, blau |
| Tür – Türen | sieht – sehen | wild – wilder | <u>Adj. – Verb</u><br>lieb – lieben | |
| Katze – Katzen | geht – gehen | lieb – lieber | <u>Verb – Nomen</u><br>lieben – Liebe | Präfigierung / Suffigierung / Zirkumfigierung:<br>ver**lieb**t = ver + **liebt**<br>→ **lie-ben** |
| ... | ... | ... | <u>Verb – Adj.</u><br>lieben – lieb | |
| | | | <u>Nomen – Verb</u><br>Liebe – lieben | Trennung =<br>**Trenn** + ung<br>→ **tren-nen** |
| | | | <u>Nomen – Adj.</u><br>Liebe – lieb | Gewissheit =<br>Ge + **wiss** + heit →<br>**wis-sen** |

Zu welchem Zeitpunkt welche Strategien zur Bildung Prototypischer Zweisilber verstanden / angewendet werden, ist so individuell, dass von keiner klassischen Kompetenzen-Hierarchie ausgegangen werden kann. Unter anderem hängt dies auch in entscheidendem Maße vom Grammatikunterricht ab.
So wurden von uns die unterschiedlichen Methoden *parallel* aufgefasst.
Über dem Ganzen steht dann die Strategie, zwischen den unterschiedlichen Methoden die richtige auszuwählen und anzuwenden, um zu einer korrekten Schreibweise zu gelangen.

Müller / Sichert / Trautner: Rechtschreibung kompetenzorientiert 4 – LB<br>© Auer Verlag – AAP Lehrerfachverlage GmbH, Augsburg

## Kompetenzstufentest

Name: _____ Datum: _____

**1. Fülle die Tabelle richtig aus.**

| Einsilber | Zweisilber |
|---|---|
|  | *Pfer-de* |
| *(er) steigt* |  |
|  | *Was-ser* |
| *(er) kam* |  |
|  | *Näs-se* |
| *stur* |  |
| *alt* |  |
| *Stall* |  |
|  | *mäch-tig* |
| *Fahrt* |  |
| *nie* |  |
| *gut* |  |

**2. Wie hast du es geschafft, aus einem einsilbigen Wort ein zweisilbiges Wort zu bilden und umgekehrt? Verwende bei der Erklärung Fachbegriffe.**

_____

_____

_____

_____

## Erläuterungen zum Kompetenzstufentest

Der Kompetenztest hat vor allem seinen Wert darin, zu erkennen, inwieweit ein Kind bereits darin routiniert ist, zweisilbige Wortformen zu bilden und andersherum aus zweisilbigen Formen Einsilber herzustellen. Zudem zeigt sich, wie dieses Vorgehen bereits verbalisiert wird, beziehungsweise ob die Fachbegriffe der *Grundformbildung*, *Steigerung*, *Mehrzahlbildung* bereits geläufig sind.

Achtung: *Wasser* funktioniert nicht über Singularbildung. Erkennt das Kind dies?

Achtung: *Lob* weist keinen Plural auf. Es muss das Verb *lo-ben* gebildet werden.

Achtung: *gut* zeigt, ob der Schüler zwischen den Bereichen „Richtig schreiben" und „Sprache untersuchen" unterscheiden kann; sinnvoll: *gu-te* (und nicht *besser*)

Zudem zeigt sich, inwieweit die richtige Schreibung berücksichtigt wird (Umlautung, doppelter Mitlaut,…?).

# 2. Prototypischer Zweisilber

## Informationen vorab

Ziel dieser Einheit ist es, die Strategien zur Bildung Prototypischer Zweisilber aus der 2. und 3. Klasse als bisherige Erfahrungen noch einmal **bewusst** in die Köpfe der Kinder zu holen (Metaebene) und zu vertiefen. So können sie in den Folgekapiteln leichter auf Rechtschreibfälle zugehen. Dieses bewusste Wahrnehmen der Silbe wird im Laufe der weiteren Arbeit immer dann wichtig sein, wenn es schwierig wird, über den lautlichen Aspekt Rechtschreibungen zu erklären. Hilfreich ist an dieser Stelle ein gezieltes Besprechen der zu den jeweiligen Strategien gehörenden Symbole.

Es gibt bei vielen Wörtern jeweils mehrere Möglichkeiten zur Verlängerung (*schön – Schöne, Schönes, schöner*). Für die Kinder stellt es eine Hilfe dar, konkret über die Wortart *eine* Strategie zu kennen, auf welche sie zurückgreifen (Verb – Grundformbildung, Nomen – Pluralbildung, Adjektiv – Steigerung), weil diese in den allermeisten Fällen helfen. Auf die bewusste Benutzung der Fachbegriffe (Grundformbildung, Steigerung, Pluralbildung) sollte nun vermehrt geachtet werden!

## Zum Wortmaterial

| Verben-<br>Bilden der Grundform | Nomen-<br>Plural-/Singularbildung | Adjektive-<br>Steigerung | evtl.<br>Wortartwechsel |
|---|---|---|---|
| fließt →<br>flie-ßen | Platz →<br>Plät-ze | kurz →<br>kür-zer | Glück →<br>glü-cken (glük-ken) |
| merkt →<br>mer-ken | Stück →<br>Stü-cke (Stük-ke) | schlimm →<br>schlim-mer | mächtig →<br>Macht |
| biegt →<br>bie-gen | Ärzte →<br>Arzt | schick →<br>schi-cker (schik-ker) | |
| spinnt →<br>spin-nen | Band →<br>Bän-der | | |

Die Lernwörter wurden so gewählt, dass sowohl durch Grundformbildung als auch durch Pluralbildung sowie Steigerung eine zweisilbige Form hergestellt werden kann.

Der Anspruch des Lernwörterblocks liegt zunächst darin, Strategien der Bildung von Prototypischen Zweisilbern zu aktivieren. Die enthaltenen Rechtschreibbesonderheiten lassen die Kinder jedoch die **Notwendigkeit** der Bildung von zweisilbigen Formen erkennen, weil sie eben dadurch ihre Besonderheiten erklären können. Die Kinder werden dazu angehalten, gezielt zwischen den Begrifflichkeiten *Mehrzahl, Grundform* und *Steigerung* zu unterscheiden und das Vorgehen bei der Bildung von zweisilbigen Wortformen konkret mittels dieser Fachbegriffe zu verbalisieren.

Die Wörter *Glück* und *mächtig* wurden bewusst gewählt, da bei *Glück* kein Plural *(*Glücke)* existiert und bei *mächtig* die Steigerungsform nicht hilft, um die Umlautung zu erklären. Die Kinder müssen erkennen, dass ein **Wortartwechsel** vonnöten ist.

*Glück:* Die verwandte Form *glücklich* hilft durch die Nachsilbe (-lich) nicht weiter. Es muss das Verb *glücken* gebildet werden, um über den Zweisilber die ck-Schreibung erklären zu können.

*mächtig:* Durch den Wortartwechsel (Adjektiv → Nomen) kann das ä begründet werden.

*sie spinnt:* Die Doppeldeutigkeit des Wortes ist zu klären.

## Erarbeitungsvorschlag

### Einstieg

- Gesprächsanlass: AHA-Seite aus dem Arbeitsheft | AH | 11 ff.
    - Eingehen auf die Fehler der Kinder: Wer findet welches Wort schwer und warum?
    - Erklären der gefundenen Ordnungen / AHA-Sätze durch die Kinder

Müller/Sichert/Trautner: Rechtschreibung kompetenzorientiert 4 – LB<br>© Auer Verlag – AAP Lehrerfachverlage GmbH, Augsburg

## Erarbeitung

- Impuls: Lehrer präsentiert seine Ordnung (nach einsilbigen und zweisilbigen Wörtern) zunächst unkommentiert (wenn diese Ordnung nicht bereits von einem Kind vorgestellt wurde)
- Zielangabe: Heute geht es um die Ordnung nach Einsilbern und Zweisilbern

> *Die Auswahl der Lernwörter provoziert zu dieser Ordnung, da das Nomen ´Stück` sowie seine Pluralform ‚Stücke' parallel in die Lernwörter aufgenommen wurde.*

- Forscherblatt
  - → Versuch in EA (ICH)
  - → Partneraustausch (DU)
  - → Gruppenaustausch (WIR)
- Unterrichtsgespräch:
  Ergebnisse der Schüler mithilfe der Wort- und Symbolkarten im Plenum besprechen und an der Tafel visualisieren;
  Die Fachbegriffe
  GRUNDFORM
  MEHRZAHL
  STEIGERUNG
  WORTARTWECHSEL
  werden gezielt thematisiert und an dem Wortmaterial durch Karten veranschaulicht.

## Transfer

- Unterrichtsgespräch:
  Wie genau hilft dir der Zweisilber beim „Richtig schreiben"?

> *Die Kinder sollen in dieser Phase den Bezug der erarbeiteten Tricks zu den in den Lernwörtern vorkommenden Rechtschreibbesonderheiten herstellen.*
> *Dieses Gespräch kann durch eigene Beispielwörter erweitert werden.*

## Weiterarbeit

- Bearbeiten der **AH | 12ff** im Arbeitsheft
- Erweiterung der Übungen durch kompetenzorientierte Übungen, siehe
  - → Einkleben in das Arbeitsheft
- Arbeit mit dem Lernwörterplan

## Material

*Wortkarten für die PA / GA oder Tafel*

| er fließt | fließen | sie merkt | merken | er biegt | biegen |
|---|---|---|---|---|---|
| sie spinnt | spinnen | Plätze | Platz | Stück | Stücke |
| Ärzte | Arzt | Band | Bänder | kurz | kürzer |
| schlimm | schlimmer | schick | schicker | Glück | glücken |
| mächtig | Macht | | | | |

Müller / Sichert / Trautner: Rechtschreibung kompetenzorientiert 4 – LB
© Auer Verlag – AAP Lehrerfachverlage GmbH, Augsburg

# 2. Prototypischer Zweisilber

*Lernwörter für das Lernwörterheft*

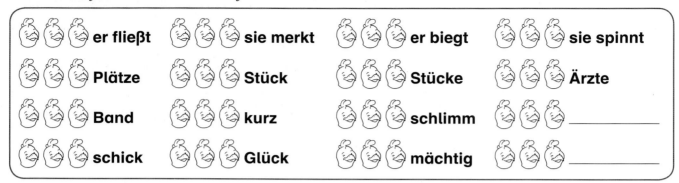

| | | | |
|---|---|---|---|
| er fließt | sie merkt | er biegt | sie spinnt |
| Plätze | Stück | Stücke | Ärzte |
| Band | kurz | schlimm | _____ |
| schick | Glück | mächtig | _____ |

*Wortkarten für die PA/GA oder Tafel (siehe auch S. 12, Symbolbilder bzw. beiliegende CD-Rom)*

| Grundform | Mehrzahl | Steigerung | Wortartwechsel |
|---|---|---|---|

*Regelkarte*

Ich kann aus fast allen Wörtern eine zweisilbige Form bilden.
Dazu muss ich:

Nomen (Namenwörter) in die Mehrzahl setzen.

GF
Verben (Tunwörter) in die Grundform setzen.

Adjektive (Wiewörter) steigern.

Achtung!
Schultasche =
Schule + Tasche

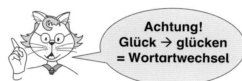

Achtung!
Glück → glücken
= Wortartwechsel

*Arbeitstext/Diktat*

**Henri im Glück**

Der kleine Hahn freut sich, dass er mit seinem neuen, schicken Fahrrad flitzen darf.

Es ist gelb und glänzt wie ein Stern.

Wie der Blitz rast er durch den Verkehr und gibt mächtig Gas.

Die bunten Bänder an seinem Lenker flattern im Wind.

An der dritten Kreuzung biegt er links ab und sieht, wie es steil den Berg hinaufgeht.

Er glaubt, er spinnt.

Der Schweiß fließt ihm über sein kleines Gesicht und er merkt, wie ihm die Puste ausgeht.

Nur noch ein kurzes Stück, dann hat er es geschafft.

An der Bergspitze angekommen sucht er sich ein sonniges Plätzchen und blickt fröhlich den gefährlichen Hang hinunter.

Niemals hätte er gedacht, dass er es schafft, ohne abzusteigen.

So schlimm war es gar nicht!

Er verputzt glücklich seinen saftigen Apfel und freut sich schon auf den nächsten Ausflug mit dem Rad.

Müller/Sichert/Trautner: Rechtschreibung kompetenzorientiert 4 – LB
© Auer Verlag – AAP Lehrerfachverlage GmbH, Augsburg

*Forscherblatt*

Name: _____ Datum: _____

**1. Trage die Lernwörter richtig mit orangefarbenem Stift in die Tabelle ein.**

**2. Ergänze die Tabelle mit Bleistift.**

| einsilbige Form | zweisilbige Form | So habe ich umgewandelt |
|---|---|---|
| | | |
| | | |
| | | |
| | | |
| | | |
| | | |
| | | |
| | | |
| | | |
| | | |
| | | |

**3. Kannst du schon einen Trick formulieren?**

_____

_____

_____

## Kompetenzorientierte Übungen

Bilde aus den Wörtern zweisilbige Formen. Erkläre, wie du das gemacht hast.

Stier   Bad   Spaß   Jahr   Berg   Keks

Stie-re, _____

Erklärung: _____

kurz   klug   brav   voll   tief   schnell

Erklärung: _____

sie sieht   er putzt   er fühlt   es riecht   sie schenkt   er springt

Erklärung: _____

So bildest du einen Zweisilber. Erkläre die Symbole, benutze dabei Fachbegriffe und finde Beispiele.

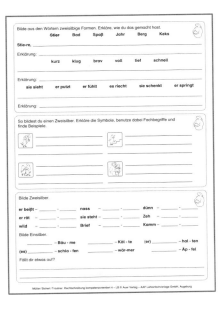

Bilde Zweisilber.

er beißt – _____   nass – _____   dünn – _____

er rät – _____   sie steht – _____   Zeh – _____

wild – _____   Brief – _____   Kamm – _____

Bilde Einsilber.

_____ – Bäu - me   _____ – Käl - te   (er) – _____ – hal - ten

(es) – _____   _____ – schla - fen   _____ – wär - mer   _____ – Äp - fel

Fällt dir etwas auf?

---

Der Zweisilber hilft dir, Wörter richtig zu schreiben. Erkläre, wie.

Hund – Hun-de

Erklärung: _____

er geht – _____ - _____

Erklärung: _____

tief – _____ - _____

Erklärung: _____

*Hass – _____ - _____

Erklärung: _____

Einsilber oder Zweisilber? Ordne richtig in die Tabelle ein und wandle in die einsilbige/ zweisilbige Form um.

er riecht   schneller   gelb   stark   Dieb   Wärme
Mann   rennen   Ärzte   Luchse   Kuh

| Einsilber → Zweisilber | Zweisilber → Einsilber |
|---|---|
| er riecht → rie - chen | |
| _____ → _____ | _____ → _____ |
| _____ → _____ | _____ → _____ |
| _____ → _____ | _____ → _____ |
| _____ → _____ | _____ → _____ |

Wie kannst du aus einsilbigen Wörtern einen Zweisilber bilden? Erkläre mit Fachbegriffen und finde selbst passende Beispiele.

Nomen (Namenwörter) muss ich _____

Verben (Tunwörter) muss ich _____

Adjektive (Wiewörter) muss ich _____

*Welche Möglichkeit gibt es noch? Finde auch hier Beispiele.

---

Wie ist es richtig? Schreibe auf und beweise mit dem Zweisilber.

er kommt/er komt: _____

Beweis: _____

Berkwerk/Bergwerk: _____

Beweis: _____

sie siengt/sie singt: _____

Beweis: _____

*Schuhsohle/Schusohle: _____

Beweis: _____

Finde den Fehler und streiche das falsche Wort durch. Schreibe es nun richtig darüber und beweise mit dem Zweisilber.

er schimpft   sie petzt   er lükt   sie klaut   Beweis: _____

kühl   kold   feucht   nass   Beweis: _____

Mann   Frau   Bup   Kind   Beweis: _____

Halpzeit   Fußball   Länderspiel   Torwart   Beweis: _____

Finde eigene Beispiele zum Rechtschreibfall und erkläre, wie dir hier der Einsilber/ der Zweisilber hilft.

Auslautverhärtung: wild, _____

Erklärung: _____

Umlautung: Bäume, _____

Erklärung: _____

doppelter Mitlaut: Schwamm, _____

Erklärung: _____

# 3. Abc / Wörterbucharbeit

## Das sollte man wissen

Will man erfolgreich in einem Nachschlagewerk, Inhaltsverzeichnis, Telefonbuch etc. nachschlagen, sind zweierlei Grundkompetenzen nötig:

1. **Fähigkeiten im Umgang mit dem Abc** (Reihenfolge der einzelnen Buchstaben, Sortierungsfähigkeiten)
2. **Fähigkeiten bezüglich der Nachschlagetechniken** (Mit welchen Methoden finde ich ein Wort am schnellsten?)

Die Entwicklung dieser beiden Fähigkeiten wird parallel innerhalb unseres Kapitels und der Folgekapitel (Spiralprinzip!) mittels geeigneter Übungen gefördert, wobei der Schwerpunkt innerhalb der 4. Jahrgangsstufe auf den *Nachschlagetechniken* liegen sollte.

Beides sind allerdings Zubringerfähigkeiten, um **situativ** mit Nachschlagewerken, Listen etc. sämtlicher Art umgehen zu können. Dies stellt die eigentliche Kompetenz in Hinblick auf die Wörterbucharbeit dar.
Die Schwierigkeiten im Schulalltag liegen nun darin, dass kaum ein realistischer Alltagsbezug, also ein echtes Problem, zu einem bestimmten Zeitpunkt erzeugt werden kann. Sicherlich treten auch im Schulalltag Problemstellungen auf (Wie schreibe ich das Wort? Was bedeutet dieses Wort?), die man spontan mit dem Impuls des selbstständigen Nachschlagens behandeln muss. Die Aufgabenstellungen hier in diesem Kapitel sind „präpariert", um die Kinder auch im Alltag für Eventualitäten fit zu machen. Dies muss auch mit den Schülern besprochen werden. „Im Unterricht üben wir, um auch später zu wissen, **wie** ich beim Zweifel über die richtige Schreibung nachschlagen kann."
Außerdem muss ins Gedächtnis der Kinder gerufen werden, dass es vielerlei, verschieden aufgebaute Nachschlagewerke gibt (Metaebene!). Dies kann durch den Vergleich verschiedenster Werke (Wörterliste, Wörterbuch, DUDEN, Telefonbuch, Inhaltsverzeichnisse,…) geschehen. Hier können folgende Erkenntnisse gewonnen werden:

- Ein Erwachsenen-Wörterbuch (DUDEN) ist umfangreicher als ein Schüler-Wörterbuch (jedes Wörterbuch behandelt beispielsweise die Sortierung nach der Umlautung anders → Verlagsfreiheit)
- Schüler-Wörterbücher können wiederum unterschiedlich aufgebaut sein (manche beinhalten eigene Wörterlisten zum Wortschatz von 1/2 bzw. 3/4, andere wiederum eine Gesamtliste)
- die Sortierungskriterien sind je nach Wörterbuch unterschiedlich (nach Wortfamilie oder nach dem Abc geordnet)

Eine weitere Schwierigkeit liegt darin, den Nachschlage**zweck** bewusst zu machen, das heißt, möchte ich wissen, wie ich ein Wort orthografisch korrekt schreibe oder möchte ich die Bedeutung erfahren. Dies wird den Schülern am besten klar, wenn sie bei auftretenden Schwierigkeiten vom Lehrer immer wieder dazu angehalten werden, erst einmal selbst im Lexikon oder Wörterbuch nachzuschlagen.
In Hinblick auf die korrekte Schreibweise eines Wortes besteht eine wesentliche Fähigkeit auch noch darin, die unterschiedlichen Möglichkeiten von Schreibweisen bei der Suche zu berücksichtigen (Ph oder F? → Ich schaue bei beiden Buchstaben nach! Ist das Problem am Anfang des Wortes oder in der Mitte?…).

**Fazit:** Die Kompetenz des Nachschlagens entwickelt sich bei einem Schüler nur dann, wenn im Unterrichtsalltag immer wieder echte Probleme auftreten, welche er selbstständig durch das Suchen im entsprechenden Nachschlagewerk löst.
Im Kapitel hier werden vor allem die Zubringerfähigkeiten (Umgang mit dem Abc sowie Nachschlagetechniken) geschult.

Müller/Sichert/Trautner: Rechtschreibung kompetenzorientiert 4 – LB
© Auer Verlag – AAP Lehrerfachverlage GmbH, Augsburg

## Kompetenzstufen

**Kompetenter Umgang mit unterschiedlichsten Nachschlagewerken je nach situativen Bedingungen**
(Telefonbuch – Lexikon – (spezifisches) Wörterbuch)

| | |
|---|---|
| Unbekannte Wörter und Fremdwörter nach dem Abc ordnen können | Gezieltes, systematisches Nachschlagen in der Wörterliste / im Wörterbuch sowie anderen Nachschlagewerken (Lexikon, Duden,….) von schwierigen Wörtern (inkl. Umlaute; Diphthonge etc.) |
| Wörter mit gleichem Anlaut nach den Folgebuchstaben richtig ordnen | Nachschlagen von Wörtern mit gleichen Anfangsbuchstaben in der Wörterliste / im Wörterbuch nach den Folgebuchstaben (konkret die Wörter *Banane, Blaubeere, Brief* innerhalb des Buchstabens B finden) |
| Reihenfolge der 26 Buchstaben des Abc verinnerlicht haben<br><br>Wörter mit unterschiedlichen Anfangsbuchstaben nach dem Abc ordnen | Kenntnis über die alphabetische Anordnung der Wörter in der Wörterliste / im Wörterbuch<br><br>Nachschlagen eines Wortes in der Wörterliste / im Wörterbuch bei seinem richtigen Anfangsbuchstaben (*Banane* steht bei B) |

**Fundament:**
Unterscheidung zwischen Laut und Buchstabe
Abhören des Anlautes
Bereitschaft, in der Wörterliste / im Wörterbuch nachzuschlagen

Das Nachschlagen nach dem Abc ist für Grundschulkinder oft noch mühsam und benötigt viel Zeit. Darum ist es besonders wichtig, bereits in der 1. / 2. Klasse mit einfachen Übungen zu beginnen, in der 3. Jahrgangsstufe diese Kompetenzen weiter auszubauen und innerhalb der 4. Klassenstufe zu sichern.
Dies bedeutet konkret für die vierte Klasse, dass davon ausgegangen werden kann, dass sich der Großteil der Schüler bereits sicher auf Kompetenzstufe 2 bewegt und bereits Einblicke in die nächsthöhere Stufe erhalten hat (bedingt durch die Vorarbeit in den Vorjahren). Deshalb kann der Schwerpunkt innerhalb dieses Kapitels auf der *Festigung* von Kompetenzstufe 2 liegen (d. h. die Kinder sollen befähigt werden, Wörter mit gleichem Anfangsbuchstaben nach den Folgebuchstaben zu ordnen) und zugleich bewusst ein Fokus auf den Übertrag auf noch schwierigeres Wortmaterial und die Systematik des Nachschlagens gelenkt werden.

## Kompetenzstufentest

Dieser Test gibt Aufschluss darüber, inwieweit das Kind Wörter nach dem Abc sortieren kann und wie gut es sich im ihm bekannten Nachschlagewerk (Wörterliste / Wörterbuch) auskennt. Der Kompetenztest gibt allerdings keine Einblicke darüber, inwiefern der Schüler mit einem ihm unbekannten Nachschlagewerk zurechtkommt. Dies muss durch spielerische Übungen immer wieder im Unterricht thematisiert werden.

# 3. Abc / Wörterbucharbeit

Name: _____     Datum: _____

**1. Sortiere diese Wörter nach dem Abc:**

*Sekunde     sagen     spielen     schreien     tanzen     Sänger     sprechen     segeln*

_____

_____

**2. Auf welcher Seite im Wörterbuch findest du diese Wörter?**

*Wolke:* _____          *Sonne:* _____          *verlieren:* _____

*Briefmarke:* _____          *spät:* _____

**3. Warum muss man manchmal im Wörterbuch Wörter nachschlagen? Erkläre.**

_____

_____

_____

**4. Wie gehst du vor, wenn du ein Wort im Wörterbuch nachschlägst? Erkläre genau.**

_____

_____

_____

_____

## Erläuterungen zum Kompetenzstufentest

Im Prinzip ist dieser Test selbsterklärend. Eine wichtige Beobachtungskomponente ist generell der zeitliche Aspekt.

**Zu 1.:** Kann das Kind bereits nach dem 2./3. Buchstaben sicher ordnen, wenn die Anfangsbuchstaben gleich sind? Wie geht es mit sch um? (Laut oder Einzelbuchstaben)

*sagen, Sänger, schreien, segeln, Sekunde, spielen, sprechen, tanzen*

**Zu 2.:** Der Lehrer kann hier die Kinder beobachten und gezielt über die Nachschlagefertigkeit (Zeit!) Infos gewinnen.

**Zu 3 und 4.:** Hier werden Einblicke in die Köpfe der Kinder sichtbar: Wird der Zweck von Wörterbucharbeit verstanden? Kann das Kind den Nachschlagevorgang konkret verbalisieren und auftretende Schwierigkeiten benennen?

Müller/Sichert/Trautner: Rechtschreibung kompetenzorientiert 4 – LB
© Auer Verlag – AAP Lehrerfachverlage GmbH, Augsburg

## Informationen vorab

Grundlegend für die Arbeit mit diesem Kapitel ist die Vorarbeit innerhalb der 2. und 3. Klasse. Die Schüler können bereits das Abc aufsagen, Vorgänger- und Nachgängerbuchstaben bestimmen sowie nach dem Abc ordnen. Zudem haben sie bereits eine Orientierung über die Stellung der Einzelbuchstaben innerhalb des Abc erlangt (z. B. „C" suche ich eher vorne, „S" eher hinten). Durch das gehäufte Auftreten gleicher Anfangsbuchstaben sind die Kinder gezwungen, ihre *Struktur* für das Nachschlagen zu festigen. Innerhalb des Lernwörterblockes wurden Wortbildungen gewählt, die so nicht im Wörterbuch vorhanden sind. Durch Strategien wie Abtrennen der Vorsilbe, Grundformbildung, Bildung der Grundstufe, Zerteilung der Wortzusammensetzung in deren Einzelbestandteile,… wird die *Nachschlagetechnik* in den Fokus gerückt. Des Weiteren wurde bei der Auswahl des Wortmaterials auf den Aspekt der *Notwendigkeit des Nachschlagens* wertgelegt, da es sich vorwiegend um Wörter handelt, deren Schreibungen nicht unmittelbar über eine Regel / einen Trick herzuleiten sind.

## Zum Wort Material

Die Wortanalyse fällt schwer, da jedes Schülerwörterbuch anders aufgebaut ist und unterschiedliches Wortmaterial enthält. Deshalb sollen die neben den Wörtern aufgeführten Erläuterungen als Denkanstoß dienen. Interessant in der Unterrichtsgestaltung kann sein, wenn einige der Wörter nicht im Schülerwörterbuch enthalten sind. So kann thematisiert werden:

Warum könnte dieses Wort nicht aufgenommen sein?

Wie kann ich dennoch die richtige Schreibung ermitteln? / Wo kann ich noch nachschlagen?

Sicher zu besprechen sind Schwierigkeiten in der Zuordnung des Anfangsbuchstabens, welche hier durch Ch (Charakter) sowie C (Comic) provoziert werden:

Es gibt Buchstaben(gruppen), die gleich klingen, aber andere Schriftzeichen aufweisen. „Wenn ich mir nicht sicher bin, muss ich bei K **und** C nachschlagen!"

Außerdem ist es, wie die Praxis zeigt, für viele Schüler schwierig, zwischen Laut und Buchstabenkombination zu unterscheiden (*schieben*: sieht das Kind sch als Einheit und sucht nach dem s das i oder den zweiten Buchstaben der Graphemgruppe und sortiert bereits richtig bei sc nach). Diese Problematik kann auch beim Sortieren der Anlaute sp, st, eu, au, ei, ai auftreten. Zuletzt muss den Kindern bewusst sein, dass bei deklinierten Formen nach der Grundform des Wortes und nicht nach dem Pronomen gesucht werden darf (**er** schiebt → schieben). Hier können Probleme hinsichtlich der Sortierung sowie des Nachschlagens auftreten.

| Spielzeug | **ggf. nicht als Zusammensetzung** im Wörterbuch;<br>→ nachschlagen bei: Sp**iel** (spielen) und **Z**eug |
|---|---|
| Eulen | → nachschlagen bei der **Einzahl**: Eule |
| Autobahn | **ggf. nicht als Zusammensetzung** im Wörterbuch;<br>→ nachschlagen bei: Auto und Bahn |
| Eigentum | **ggf. nicht als Wort im Kinderwörterbuch** enthalten |
| er verleiht | → verleihen<br>wenn dies nicht im Wörterbuch steht: **Abtrennen der Vorsilbe**<br>→ leihen |
| er schiebt | **Grundform:** → schieben |
| streng | ggf. Problematik: Anlaut st |
| spannender | ggf. Problematik: Anlaut sp<br>**Grundstufe:** → spannend |
| sie soll | **Grundform:** → sollen |
| Tricks | **Einzahlbildung:** → Trick |
| Charakter | Achtung! **Schwierigkeit in der Ermittlung des korrekten Anfangsbuchstabens durch den Laut /k/**<br>**ggf. nicht als Wort im Kinderwörterbuch** enthalten |

# 3. Abc / Wörterbucharbeit

| Playstation | Wort aus dem Alltagsgebrauch der Kinder **ggf. nicht als Wort im Kinderwörterbuch enthalten** |
|---|---|
| Seil | ggf. Problematik: Inlaut → ei/ai |
| draußen | ggf. Problematik: Anlaut → d/t? |
| Comic | Achtung! **Schwierigkeit in der Ermittlung des korrekten Anfangsbuchstabens durch den Laut /k/** |

## Erarbeitungsvorschlag

### Einstieg

- Gesprächsanlass: AHA!-Seite aus dem Arbeitsheft | AH | 15 |

  o Eingehen auf das Nachschlageverhalten der Kinder.

  o Wie war das Nachschlagen im Wörterbuch?

  *Die Kinder haben sich nun intensiv mit der Suche der neuen Lernwörter auseinandergesetzt. Sie sind bereits auf Schwierigkeiten gestoßen und haben Wörter nicht oder nur verändert in ihrem Wörterbuch gefunden (s. Analyse Wortmaterial). Die Erarbeitung schließt direkt an diese Erfahrungen der Kinder an.*

### Erarbeitung

- Plenumsdiskussion, Problemstellung provozieren:
  Gibt es immer noch ein Wort, bei dem du dir nicht sicher bist, wie du es richtig schreibst?

  *Als Problemwort könnte beispielsweise zunächst das Wort „Charakter" auftauchen. Nun könnte folgende Diskussion entstehen: Was ist in diesem Wort die Schwierigkeit (Ich finde es nicht im Wörterbuch ODER Ich kenne keine Regel / keinen Trick)? Zur Lösung des Problemwortes werden nun die Erkenntnisse der Mitschüler oder im Extremfall das Fachwissen des Lehrers herangezogen. Entsprechend wird mit den weiteren Lernwörtern vorgegangen. Sollte es Wörter geben, die für kein Kind problematisch waren, muss dies ebenfalls begründet werden.*

- Erkenntnisse mithilfe der Regel- und Trickkarten visualisieren

### Erkenntnisgewinn

- Im Unterrichtsgespräch wird folgende Erkenntnis auf den Punkt gebracht:
  1) Manche Wörter muss ich *nicht* nachschlagen, da mir Regeln und Tricks helfen, um sie richtig zu schreiben (*sie soll → sollen → sol-len*)
  2) Einige Wörter *muss* ich nachschlagen, weil ich (momentan) keine Regeln und Tricks dazu kenne und nicht weiß, wie ich es schreiben soll. (v. a. Merkwörter)
- Impuls: Oft ist es gar nicht einfach, Wörter im Wörterbuch zu finden. Hast du Tipps, wie ich Wörter im Wörterbuch leichter finden kann?
  → EA; PA; GA: Ideen unter Zuhilfenahme der AHA-Seite sammeln
  → Gespräch: Zusammenführen der Erkenntnisse
  1) Verben (Tunwörter) finde ich in der Grundform.
  2) Adjektive (Wiewörter) finde ich in der Grundstufe.
  3) Nomen (Namenwörter) finde ich in der Einzahl.
  4) Zusammensetzung muss ich manchmal auseinandernehmen, um sie zu finden.
  5) Achtung! Anlaute können verschieden verschriftet sein.

### Sicherung

- Individuelle Gestaltung eines Klassenplakates

## Weiterarbeit

- Bearbeiten der  **AH** 16 ff. im Arbeitsheft
- Kompetenzorientierte Übungen, siehe
- Arbeit mit dem Lernwörterplan
- Möglichkeiten zur Verbesserung der Nachschlagefähigkeiten (Ideensammlung):
  (immer wieder im Laufe der 3. und 4. Klasse durchführen)
  - Wettnachschlagen im bekannten Wörterbuch
  - Namenssuche im Telefonbuch
  - Vergleich verschiedener Nachschlagewerke
  - . .

## Material

*Wortkarten für die PA/GA oder Tafel*

| | | | | |
|---|---|---|---|---|
| **Spielzeug** | **Spiele** | **Spiel** | **spielen** | **Zeug** |
| **Eulen** | **Zeuge** | **Eule** | **Autobahn** | **Auto** |
| **Bahn** | **bahnen** | **Eigentum** | **eigen** | **er verleiht** |
| **verleihen** | **leihen** | **er schiebt** | **schieben** | **streng** |
| **Spielzeuge** | **spannender** | **sie soll** | **sollen** | **Tricks** |
| **Trick** | **Playstation** | **Seil** | **draußen** | |

*Regelkarte*

**Abc-Regeln zum „Wörter suchen"**

Ich spreche oder lese das Wort genau und frage nach dem Anlaut.
Ich überlege, wo dieser Anlaut im Abc vorkommt (eher am Anfang/Mitte/Ende).
Ich suche in der Wörterliste/im Wörterbuch den Buchstaben und gehe in der Liste entsprechend voran.

**Achtung: Es gibt verschiedene Wörterbücher. Nicht jedes ist gleich aufgebaut!**

**Nicht immer finde ich die Wörter sofort im Wörterbuch. Manchmal muss ich ein Wort vorher verändern, damit ich es im Wörterbuch finde.**
**Verben (Tunwörter) finde ich in der Grundform.**
**Adjektive (Wiewörter) finde ich in der Grundstufe.**
**Nomen (Namenwörter) finde ich in der Einzahl.**
**Zusammensetzung muss ich manchmal auseinander nehmen, um sie zu finden.**
**Achtung! Anlaute können unterschiedlich verschriftet sein.**

# 3. Abc / Wörterbucharbeit

## Lernwörter für das Lernwörterheft

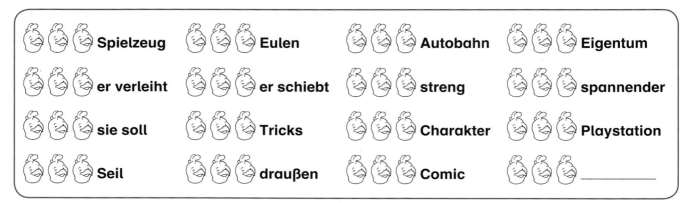

Spielzeug — Eulen — Autobahn — Eigentum

er verleiht — er schiebt — streng — spannender

sie soll — Tricks — Charakter — Playstation

Seil — draußen — Comic — _____

## Arbeitstext / Diktat

### Henris Spielzeugkiste

Neben der Playstation liegt die glänzende Schatztruhe des kleinen Hahns.

Sie ist sein heiliges Eigentum und wird von ihm streng bewacht.

Sie sollte niemals in fremde Hände gelangen.

In ihr befindet sich ein kurzes Seil, mit dem die Brüder draußen glücklich springen können.

Zudem enthält sie vier spannende Comics, die von den Monstereulen handeln, sowie seine schicke Holzautobahn.

Die verleiht Henri nur ungern an Hubert.

Deshalb hat er einen klugen Trick:

Er schiebt die Kiste immer sofort ein Stück unter seinen Schlafplatz, damit sein Bruder, die alte Raubkatze, sie nicht entdeckt.

## Kompetenzorientierte Übungen

**So steht es im Wörterbuch**

Wie und wo stehen die Wörter im Wörterbuch?

In diesem Wörterbuch schlage ich nach:

| | | | |
|---|---|---|---|
| er verbietet: | S. ___ | heller: | S. ___ |
| Hände: | S. ___ | Zäune: | S. ___ |
| Truhen: | S. ___ | sie rief: | S. ___ |
| *besser: | S. ___ | *es fiel auf: | S. ___ |

Das fällt mir auf:

---

Ordne nach dem Abc.

Aubergine, Tomate, Brokkoli, Gurke, Blumenkohl, Zucchini, Peperoni, Bohne

Krokodil, Bär, Kobra, Affe, Kamel, Chamäleon, Braunbär, Angusrind

Wie hast du das gemacht? Gibt es einen Trick?

---

**Vorgänger und Nachfolger**

Schlage das Wort in deiner Wörterliste nach? Welches Wort steht davor und danach?

| er beginnt | Pilze | während |
|---|---|---|
| schlechter | sie gibt | rot |

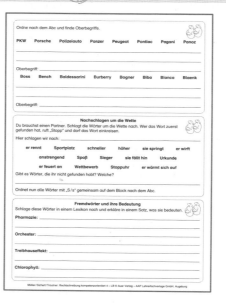

Ordne nach dem Abc und finde Oberbegriffe.

PKW   Porsche   Polizeiauto   Panzer   Peugeot   Pontiac   Pagani   Panoz

Oberbegriff: _____

Boss   Bench   Baldesarini   Burberry   Bogner   Biba   Bianca   Blaenk

Oberbegriff: _____

---

**Nachschlagen um die Wette**

Du brauchst einen Partner. Schlagt die Wörter um die Wette nach. Wer das Wort zuerst gefunden hat, ruft „Stopp" und darf das Wort einkreisen.

Hier schlagen wir nach:

er rennt   Sportplatz   schneller   höher   sie springt   er wirft

anstrengend   Spaß   Sieger   sie fällt hin   Urkunde

er feuert an   Wettbewerb   Stoppuhr   er wärmt sich auf

Gibt es Wörter, die ihr nicht gefunden habt? Welche?

Ordnet nun alle Wörter mit „S/s" gemeinsam auf dem Block nach dem Abc.

---

**Fremdwörter und ihre Bedeutung**

Schlage diese Wörter in einem Lexikon nach und erkläre in einem Satz, was sie bedeuten.

Pharmazie: _____

Orchester: _____

Treibhauseffekt: _____

Chlorophyll: _____

---

**Welcher Buchstabe fehlt?** Schlage das Wort im Wörterbuch / Lexikon nach und gib an, wo du es gefunden hast.

| | |
|---|---|
| ___omic: _____ | S. ___ |
| ___irurgie: _____ | S. ___ |
| ___ino: _____ | S. ___ |
| ___amäleon: _____ | S. ___ |
| ___emie: _____ | S. ___ |
| ___ontrabass: _____ | S. ___ |
| ___lown: _____ | S. ___ |

Das fällt mir auf:

---

**So steht es im Wörterbuch**

Wie und wo stehen die Wörter im Wörterbuch?

In diesem Wörterbuch schlage ich nach:

| | | | |
|---|---|---|---|
| sie vergaß: | S. ___ | er schwamm: | S. ___ |
| er fuhr vor: | S. ___ | es begann: | S. ___ |
| sie sah: | S. ___ | er blickte auf: | S. ___ |
| es fraß auf: | S. ___ | er trank: | S. ___ |

Das fällt mir auf:

---

Finde selber je zwei Adjektive, Verben und Nomen zu den Anfangsbuchstaben. Ordne sie dann nach dem Abc.

D/d: _____

M/m: _____

H/h: _____

T/t: _____

Müller/Sichert/Trautner: Rechtschreibung kompetenzorientiert 4 – LB © Auer Verlag – AAP Lehrerfachverlage GmbH, Augsburg

# 4. Groß- und Kleinschreibung (Nomen und Nachsilben)

## Das sollte man wissen

Grundsätzlich werden im Deutschen Satzanfänge, Substantive und Eigennamen großgeschrieben; d.h. sie werden mit einem großen Anfangsbuchstaben verschriftet.

Die Kleinschreibung ist dennoch das Normale unserer Schriftsprache. Die Großschreibung in ihrer heutigen Ausprägung entstand erst relativ spät – Ende des 17. Jahrhunderts.

Der Grund für die Markierung einzelner Wörter durch Großbuchstaben liegt in der flüssigeren Lesbarkeit, besonders hinsichtlich des Satzanfanges. Die Großschreibung von Substantiven wird nach wie vor diskutiert und unterliegt unterschiedlichen Expertenmeinungen.

Besonders durch den Wortartwechsel bedingte Substantivierungen bergen (auch für kompetente Rechtschreiber) häufig Fehlerquellen in sich.

In dieser Sequenz soll der Schwerpunkt innerhalb der Groß- und Kleinschreibung auf dem Erkennen der Nomen durch ihre Suffixe (Nachsilben) liegen. Hier bildet sich eine Schnittstelle von Grammatik und Rechtschreibung, da die Wortbildung entscheidend für die korrekte Schreibweise ist. Demnach können an ein Nomen selbst, an ein Verb oder Adjektiv als Basis die Nachsilben *-r, -eit, -keit, -ung, -nis,* gehängt werden, um ein Nomen zu bilden.

Diese Nomen beschreiben Eigenschaften (Schönheit, Dummheit,…), sind Handlungs- oder Vorgangsbezeichnungen (Bestrafung, Reinigung,…) oder benennen Ergebnisse (Empfängnis, Verwirrung…).

Die Suffixe bestimmen das Genus des neugebildeten Wortstammes. Meist können einzelne Nachsilben mit unterschiedlichen Basiswortarten kombiniert werden.

### Beispiele

**-er**
→ männlicher Nomenstamm

weck(en) + er → Wecker

**-heit:** Mensch + heit → Menschheit
→ weiblicher Nomenstamm

dumm + heit → Dummheit

**-keit:**
→ weiblicher Nomenstamm

heiter + keit → Heiterkeit

**-ung:** Stall + ung → Stallung
→ weiblicher Nomenstamm

trennen + ung → Trennung

schenk(en) + ung → Schenkung

**-nis:**
→ weiblicher oder sächlicher Nomenstamm

erkennen + nis → Erkenntnis

wild + nis → Wildnis

Hier zunächst ausgeklammert werden die Suffixe *-schaft, -tum, -chen, -lein* und *-in* sowie weitere gebräuchliche Suffixe *-e, -ei, -ler* und *-ling,* um die Kinder nicht zu überfordern.

Ebenso zu einem späteren Zeitpunkt thematisiert werden die Wortbildungen, welche über die Adjektiv-Suffixe *-ig* und *-lich* **kombiniert** mit den Nachsilben *-heit* und *-keit* gebildet werden (Schnelli**gkeit**, Herz**lichkeit**).

Für die Schüler sollen an dieser Stelle folgende Erkenntnisse bzgl. der Wortbildung ausschlaggebend sein:

Adjektiv (Wiewort)          **+ keit**  → Nomen (Namenwort)
Adjektiv (Wiewort) / Nomen (Namenwort)      **+ heit**  → Nomen (Namenwort)
Adjektiv (Wiewort)        **+ nis**   → Nomen (Namenwort)
Verb (Tunwort)          **+ ung**  → Nomen (Namenwort)

Bezogen auf diesen grammatikalischen Erkenntnissen können in Bezug auf die richtige Schreibung folgende Einsichten gewonnen und Regelhaftigkeiten festgeschrieben werden:

Diese Nachsilben helfen beim Bestimmen der Wortart, da es sich um Namenwörter handelt.

Namenwörter schreibt man groß!
→ Rückschluss:
Alle Wörter mit den Nachsilben *-heit, -keit, -ung* und *-nis* schreibe ich groß!

Müller / Sichert / Trautner: Rechtschreibung kompetenzorientiert 4 – LB
© Auer Verlag – AAP Lehrerfachverlage GmbH, Augsburg

# 4. Groß- und Kleinschreibung (Nomen und Nachsilben)

## Kompetenzstufen

### Automatisierung der Groß- und Kleinschreibung

Flexible **Anwendung** dieser Strategien – auch in eigenen Texten

1. Großschreibung am Satzanfang (auch in eigenen Texten selbstverständlich den Satzanfang großschreiben)
2. Großschreibung bei Substantiven (auch in eigenen Texten selbstverständlich Substantive großschreiben)

Bewusste **Anwendung** dieser Strategien

1. Großschreibung am Satzanfang (Automatisierend den Satzanfang großschreiben)
2. Großschreibung bei Substantiven (Anwenden der bereits im Unterricht behandelten Beweise)

**Kenntnis** über Strategien:

1. Großschreibung am Satzanfang (Erkennen des Satzanfanges)
2. Großschreibung bei Substantiven (Kennen der bereits im Unterricht behandelten Beweise)
   - Inhaltlich: was man anfassen / sehen kann (1./2. Jahrgangsstufe)
   - Inhaltlich / Formal: Einzahl/Mehrzahl (1./2. Jahrgangsstufe)
   - Formal: die Artikelprobe (1./2. Jahrgangsstufe)
   - **Endung am Wort: -ung, -heit, -keit (3./4. Jahrgangsstufe)**

**Fundament:**

- Motivation und Volition, Wörter orthografisch korrekt zu verschriften
- lauttreues Schreiben von Wörtern
- Bewusstsein darüber, dass es im Deutschen eine Groß- und Kleinschreibung gibt

## Kompetenzstufentest

Name: _____  Datum: _____

**1. Schreibe nach Diktat:**

_____

_____

_____

**2. Wie geht die Geschichte weiter? Schreibe den nächsten Satz auf.**

_____

**3. Schreibe den Satz in richtiger Groß- und Kleinschreibung ab.**

*ALS ER ENDLICH ERSCHEINT, ÜBERREICHE ICH IHM VOLLER BEGEISTERUNG DAS PRÄSENT DES VEREINS.*

_____

_____

**Warum schreibt man manche Wörter groß?**

_____

_____

Müller / Sichert / Trautner: Rechtschreibung kompetenzorientiert 4 – LB
© Auer Verlag – AAP Lehrerfachverlage GmbH, Augsburg

# 4. Groß- und Kleinschreibung (Nomen und Nachsilben)

## Erläuterungen zum Kompetenzstufentest

**Zu 1.** Der Lehrer diktiert folgende Sätze (Achtung: Interpunktionszeichen NICHT mit diktieren!):

*Ich gehe zum Spielen. Heute ist eine Versammlung auf dem Sportplatz geplant. So ein Glück, dass schönes Wetter ist. Ob Fritz auch kommt?*

Hieraus werden folgende Kompetenzen abgefragt:
Wird der Satzanfang jeweils großgeschrieben?
Werden die Nomen erkannt und großgeschrieben (auch schon Spielen (Substantivierung), Glück, Wetter (abstrakte Nomen))?
Werden die Interpunktionszeichen korrekt gesetzt?

**Zu 2.** Weiß das Kind, was ein Satz ist?
Wird der Satzanfang groß geschrieben?
Wird am Ende ein Interpunktionszeichen gesetzt?
(evtl. Beinhaltet der Satz ein Substantiv, welches richtig / falsch geschrieben ist?)

**Zu 3.:** Erkennt das Kind Substantive?
Erkennt ein Kind ein womöglich unbekanntes Substantiv (Präsent) durch den Begleiter als dieses?
Kann es eine Erklärung darüber abgeben?
(hier wiederum: „Es sind Namenwörter." oder evtl. bereits spezieller mit einem Beweis begründet „Ich kann einen Begleiter davorsetzen.", „Ich erkenne es an der Nachsilbe"?)

Achtung: Inwieweit ein Kind bereits unbewusst, also ohne konkret darüber nachzudenken, die Groß- und Kleinschreibung beherrscht (bereits Kompetenzstufe III im Kompetenzenstall), kann nur durch eine Einsicht in eigene Texte erlangt werden!

## Informationen vorab

Kinder gehen oft nach dem Prinzip vor, entweder persönlich wichtige Wörter oder aber nach einem (manchmal auch unerklärlichen) Gedankensprung großzuschreiben.
Schwierigkeiten bei der **Großschreibung des Satzanfanges** liegen darin, dass den Kindern nicht bewusst ist, *wann* eigentlich ein neuer Satz beginnt. Schüler nutzen Interpunktionszeichen in unterschiedlichster Art und Weise, um ihre eigenen Texte für sie logisch zu gliedern. Innerhalb des 2. Schuljahres erlangen jedoch die meisten Kinder eine korrekte Interpunktionsweise (übrigens auch ohne konkrete unterrichtliche Behandlung). Die Schüler verstehen relativ schnell, dass nach einem Interpunktionszeichen ein neuer Satz beginnt, wodurch der 1. Buchstabe großgeschrieben wird. Das Problem besteht darin, dass während des Schreibflusses (besonders bei freien Texten) auch in der 3. und 4. Jahrgangsstufe nicht daran gedacht wird.
Die hier im Arbeitsheft und Lehrerband angebotenen Aufgaben können sich folglich nur schwerpunktmäßig auf den rezeptiven Aspekt richten. Die Produktion innerhalb eigener Texte kann nicht gelenkt werden und muss neben der Arbeit hier unbedingt zusätzlich im Unterricht thematisiert werden. Dafür sind konkrete Arbeitsaufträge („Schau nach, ob du nach jedem Punkt auch großgeschrieben hast!") sehr sinnvoll.
Bei der **Großschreibung von Substantiven** stand im vorangehenden Schuljahr die Art der Bestimmung im Fokus. Neben inhaltlichen Aspekten (Bezeichnung für Lebewesen, Pflanzen, Dingen) und formalen (deklinierbar) ist wohl die umfassendste Erklärung für die Bestimmung eines Substantivs die Verbundenheit mit dem Artikel. Probleme, welche sich bei der Behandlung von Substantiven ergeben, liegen vor allem in den Abstrakta. Diese wurden in der 3. Jahrgangsstufe in unserem Arbeitsheft und innerhalb des Grammatikunterrichts konkret zum Thema gemacht.
Nun soll innerhalb der 4. Klasse der Fokus auf der Wortbildungen (Schnittstelle Grammatikbereich) liegen. Die Schüler sollen Nachsilben dahingehend nutzen, um die Wortart zu bestimmen und dadurch zur korrekten Schreibung (groß oder klein) zu gelangen. Der Nutzen von Wortbausteinen soll den Kindern ganz bewusst werden, weil diese bei der Groß- und Kleinschreibung dienlich sind.
Vor der Beschäftigung mit diesem Lernwörterblock sollte davon ausgegangen werden, dass das Nomen mit seinen bisher bekannten Beweisen gesichert und abstrakte Nomen eingeführt sind. Das Wortmaterial innerhalb dieser Einheit wurde so gewählt, dass Entdeckungen am Wortstamm ermöglicht werden.

Müller / Sichert / Trautner: Rechtschreibung kompetenzorientiert 4 – LB
© Auer Verlag – AAP Lehrerfachverlage GmbH, Augsburg

# 4. Groß- und Kleinschreibung (Nomen und Nachsilben)

## Zum Wortmaterial

| Nomen | Verben | Adjektive |
|---|---|---|
| Angst<br><br>  exemplarisch für abstrakte Namenwörter<br>Europa<br><br>  exemplarisch für Ländernamen<br>Wecker<br><br>  exemplarisch für Verben mit der Endung -er;<br>  Wortstamm weck(en) | er leistet | heiter |
| Leistung<br>Trennung<br>Verbrennung<br><br>  *Verb + ung → Nomen*<br>  leist(en) + ung → Leistung<br>  trenn(en) + ung → Trennung<br>  verbrenn(en) + ung → Verbrennung | | |
| Wildnis<br>Zeugnis<br><br>  *Adjektiv + nis → Nomen*<br>  wild + nis → Wildnis<br>  *Nomen → Verb → Nomen*<br>  Zeuge → zeugen → + nis → Zeugnis | | |
| Heiterkeit<br><br>  *Adjektiv + keit → Nomen*<br>  heiter + keit → Heiterkeit | | |
| Dummheit<br>Menschheit<br><br>  *Adjektiv + heit → Nomen*<br>  dumm + heit → Dummheit<br>  *Nomen + heit → Nomen*<br>  Mensch + heit → Menschheit | | |

Das Verb *leisten* sowie das Adjektiv *heiter* wurden bewusst in den Lernwörterblock aufgenommen (Signalwort), um eine Erforschung in Richtung Wortbausteine zu lenken, da parallel die Nomen-Formen *Leistung* sowie *Heiterkeit* in den Lernwörtern vertreten sind.

## Erarbeitungsvorschlag

### Einstieg

- Gesprächsanlass: AHA-Seite aus dem Arbeitsheft  AH | 19

  ○ Eingehen auf die Fehler der Kinder: Wer findet welches Wort schwer und warum?

  ○ Erklären der gefundenen Ordnungen / AHA-Sätze durch die Kinder

  *Aufgrund der Wortpaare ‚er leistet' – ‚Leistung' sowie ‚heiter' – ‚Heiterkeit' können die Kinder bereits zu einer auf Nachsilben bezogenen Ordnung gelangen. Dadurch, dass die übrigen Wörter nur Nomen sind, kann gemeinsam folgende Ordnung erarbeitet werden:*

Müller / Sichert / Trautner: Rechtschreibung kompetenzorientiert 4 – LB<br>© Auer Verlag – AAP Lehrerfachverlage GmbH, Augsburg

# 4. Groß- und Kleinschreibung (Nomen und Nachsilben)

- Gemeinsame Ordnungsfindung

| | |
|---|---|
| Angst | |
| Europa | |
| Wecker | |
| Leistung | er leistet |
| Trennung | |
| Verbrennung | |
| Wildnis | |
| Zeugnis | |
| Heiterkeit | heiter |
| Dummheit | |
| Menschheit | |

*Evtl. werden bereits Beweise zur Großschreibung von Nomen angesprochen. Diese sollen durch Tafelkarten visualisiert werden.*

## Erarbeitung

- PA / GA mit Arbeitsauftrag: Untersuche alle Nomen und achte darauf, wie die Wortart bewiesen werden kann. Untersuche auch die versteckten Wörter in den Nomen.
- Unterrichtsgespräch:
  Erkenntnis 1: Beweise für Nomen wiederholen und durch die Nachsilben ergänzen
  Erkenntnis 2: Bildungsprozesse der Nomen mit Nachsilben durchdringen
  (Adjektiv / Verb / Nomen + Nachsilbe = Nomen)
  Erkenntnis 3: Isolierung des Grundwortes hilft bei der richtigen Schreibung innerhalb des Nomens
  (Dummheit → du**mm** → dü**mm**er → Du**mm**heit)

*Bei der Erarbeitung der Groß- und Kleinschreibung anhand der Lernwörter steht lediglich der Bereich der* **Großschreibung von Substantiven** *im Fokus.*
*Wenn an isoliertem Wortmaterial gearbeitet wird, kann nicht der Satzzusammenhang und somit die* **Großschreibung am Satzanfang** *thematisiert werden!*
*Dennoch* **muss** *der Vollständigkeit geschuldet an dieser Stelle auch die Regel „Am Satzanfang schreibe ich groß" ins Gedächtnis der Kinder gerufen werden, da den Schülern diese bereits bekannt ist.*

## Sicherung

- Erstellen eines Plakates mit einer Wortsammlung zu den unterschiedlichen Nachsilben

### Mögliche Erweiterung für den Grammatikunterricht:
*Zielangabe: Heute wollen wir genauer untersuchen, auf welche Art diese Nomen (Namenwörter) gebildet wurden!*

- Fragestellung: Findest du eine Unterordnung innerhalb dieser Nomen!?
- Finden der unterschiedlichen Bildungen mit der Erkenntnis:

Adjektiv (Wiewort)    **+ keit** → Nomen (Namenwort)
Adjektiv (Wiewort)    **+ heit** → Nomen (Namenwort)
Adjektiv (Wiewort)    **+ nis**   → Nomen (Namenwort)
Verb (Tunwort)    **+ ung** → Nomen (Namenwort)

⇨ Diese Nachsilben helfen beim Bestimmen der Wortart, da es sich um Namenwörter handelt.

⇨ Namenwörter schreibt man groß!
   → Rückschluss:
   Alle Wörter mit den Nachsilben *-eit, -keit, -ung* und *-is* schreibe ich groß!

Müller / Sichert / Trautner: Rechtschreibung kompetenzorientiert 4 – LB
© Auer Verlag – AAP Lehrerfachverlage GmbH, Augsburg

# 4. Groß- und Kleinschreibung (Nomen und Nachsilben)

## Weiterarbeit

- Bearbeiten der | AH | 20 ff. | im Arbeitsheft
- Kompetenzorientierte Übungen, siehe
- Arbeit mit dem Lernwörterplan

## Material

*Wortkarten für die PA / GA oder Tafel*

| | | | | | |
|---|---|---|---|---|---|
| **Angst** | **Europa** | **Wecker** | **Ängste** | **wecken** | **er leistet** |
| **leisten** | **Wildnis** | **Wildnis** | **wild** | **wilder** | **Trennung** |
| **trennen** | **Dummheit** | **dumm** | **dümmer** | **heiter** | **Leistung** |
| **leisten** | **Menschheit** | **Verbrennung** | **verbrennen** | **brennen** | **Heiterkeit** |
| **heiter** | **Zeugnis** | **Zeuge** | **zeugen** | | |

*Regelkarte*

**Regel:**

Den ersten Buchstaben des Wortes *am Satzanfang* schreibe ich immer groß.
*Nomen (Namenwörter)* schreibe ich groß. Diese erkenne ich so:

- Ich kann sie malen, sehen und anfassen.
- Ich kann einen Begleiter davorsetzen (der, die, das / ein, eine).
- Ich kann die Mehrzahl bilden.

**-ung, -nis, -heit und -keit schaf(f)t ein Nomen für alle Zeit.**

**Alle anderen Wörter schreibe ich klein.**

*Lernwörter für das Lernwörterheft*

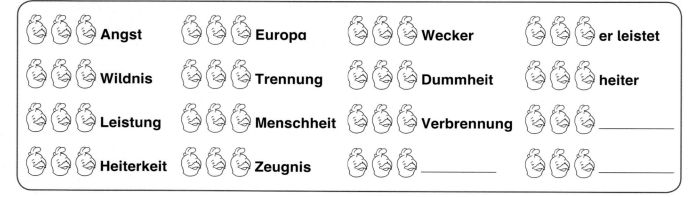

**Angst**   **Europa**   **Wecker**   **er leistet**

**Wildnis**   **Trennung**   **Dummheit**   **heiter**

**Leistung**   **Menschheit**   **Verbrennung**   _____

**Heiterkeit**   **Zeugnis**   _____   _____

Müller / Sichert / Trautner: Rechtschreibung kompetenzorientiert 4 – LB
© Auer Verlag – AAP Lehrerfachverlage GmbH, Augsburg

*Arbeitstext / Diktat*

**Besuch aus Amerika**

Der Weckruf des Nachbarhahns draußen in der Wildnis verleiht Henri Schwung.

Voller Vorfreude schiebt er das Tor seines Stalles zur Seite.

Onkel Theo kommt nach Europa.

Fröhlich denkt er daran, wie dieser ihn für seine Zeugnisnoten und schulischen Leistungen loben wird.

In der Silbentrennung hat Henri nämlich eine Eins.

Er kennt alle Regeln und Tricks.

Im Sachunterricht beim Thema Verbrennung sollte er noch üben.

Die Geschichte der Menschheit war aber ein spannender Bereich.

Weil er in diesem Fach geschickt ist, kann man dem kleinen Hahn hier auch keine Dummheit unterstellen.

In Gedanken sieht er auch schon seinen Lieblingsonkel, wie dieser um die Kurve biegt.

Das sorgt für Aufheiterung in der ganzen Familie ...

## Kompetenzorientierte Übungen

Diese Regeln zu Großschreibung kennst du. Finde eigene Beispiele.

> Am Satzanfang schreibe ich groß.

> Namenwörter schreibe ich groß.

> „-ung, nis, -heit und -keit, schaf(f)t ein Nomen für alle Zeit."

Oh je. Alle ist groß und zusammengeschrieben.
Schreibe die Wörter noch einmal in richtiger Groß- und Kleinschreibung auf.

HERBSTWINDWEHENKÜHLFEUCHTBLÄTTERLAUBREGNENNEBLIG

SCHULELESENINTERESSANTLEISTUNGZEUGNISRECHNENFLEIßIGRECHNUNG

AUSFLUGSPANNENDWEITLAUFENAUFREGUNGRUCKSACKAUFREGENDLUSTIG

Kennzeichne farbig, welche Tunwörter durch -ung oder -nis zu Namenwörtern werden.

hoffen erlauben erkalten erklären verantworten ereignen
versichern belohnen erwarten ergeben erleben bedeuten verhalten
verletzen ärgern behindern wohnen *zeugen

Schreibe nach Nachsilben geordnet auf:

-ung: _____

-nis: _____

---

**Nomen (Namenwörter)**

Finde selbst passende Beispiele.
Dinge:

Eigennamen:

abstrakte Nomen:

Nomen mit Nachsilben:

Oh je. Alles ist groß und zusammengeschrieben. Schreibe noch einmal in richtiger Groß- und Kleinschreibung auf und setze die passenden Satzzeichen.

VORAUFREGUNGHATSUSIDIEHAUSAUFGABENZUHAUSEVERGESSENSOEINMIST

WIEISTDASWETTERHEUTEBRAUCHEICHEINEJACKEJAKLARDENNESISTKÜHL

IGITTEINESPINNEKANNSIEJEMANDFÜRMICHINDENGARTENTRAGEN

**Nomen und ihre Nachsilben**

Bilde Nomen, indem du die passende Nachsilbe anhängst.

schön + heit = Schönheit

geheim + ____ = ____        einsam + ____ = ____

Mensch + ____ = ____        gemein + ____ = ____

frech + ____ = ____          Kreuz + ____ = ____

Kind + ____ = ____           impfen + ____ = ____

Freund + ____ = ____         kennen + ____ = ____

reich + ____ = ____          Partner + ____ = ____

beraten + ____ = ____        *böse + ____ = ____

---

Welche Regeln zur Groß- und Kleinschreibung kennst du? Schreibe sie auf und finde eigene Beispiele.

1. _____

Beispiele: _____

2. _____

Beispiele: _____

3. _____

Beispiele: _____

Oh je. Alles ist groß und zusammengeschrieben. Schreibe noch einmal in richtiger Groß- und Kleinschreibung auf und setze die passenden Satzzeichen.

DERLEHRERLOBTFREDPRIMAWIEDUDICHMITDERGROßSCHREIBUNGAUSKENNST

AMSATZANFANGSCHREIBTMANDOCHGROßFLÜSTERTHUBERTHENRIZU

OHJENOMENUNDNACHSILBENSINDGANZSCHÖNSCHWIERIGJAMMERTOTTO

**Nomen und ihre Nachsilben**

Finde eigene Beispiele.

-ung: Heizung, _____

-heit: _____

-keit: _____

-schaft: _____

-nis: _____

-tum: _____

## Zu den Kapiteln

- Wiederholung der Regeln und Tricks aus der 3. Klasse
- Prototypischer Zweisilber
- Abc / Wörterbucharbeit
- Groß- und Kleinschreibung (Nomen und Nachsilben)

*Arbeitstext / Diktat*

### Schlechte Zeiten für Henri

**Henri hat Ärger.**

**Er macht zu viele Dummheiten und trickst seinen Bruder ständig aus.**

**Auch Hanna ist enttäuscht von seinem momentanen Charakter.**

**Jetzt muss er in der Schule sehr viel leisten, damit sein Zeugnis gut ausfällt.**

**Am Nachmittag darf er nicht mehr mit seiner Playstation spielen und er soll anstatt seiner Comicheftchen Sachbücher über die Mülltrennung lesen.**

**Seine Freizeit kann er jetzt draußen in der Wildnis um den Hof verbringen.**

**Da bekommen seine Geschwister Mitleid mit ihm und packen ein leckeres Picknick in ihre Rucksäcke, um ihn aufzuheitern.**

**Henri freut sich sehr und schiebt aus Dankbarkeit Hanna in ihrem Wagen.**

**Hubert schenkt er sein liebstes Eigentum: die Modellautobahn.**

*Innerhalb des Diktats befinden sich primär Lernwörter der Lernwörterblöcke 1–4 sowie Wortmaterial aus dem Grundwortschatz der Jahrgangsstufen 1/2 und 3/4. Rechtschriftliche Besonderheiten in den übrigen Wörtern können aus den bekannten Regeln und Tricks hergeleitet werden.*
*Das Diktat kann zur Übung, als Diagnose oder aber auch als Lernstandserhebung herangezogen werden.*

*Sätze des Tages*

**Jeder weiß genau, dass man den Müll trennen muss, bevor man ihn verbrennt.**

**Ein heiterer Mensch hat einen freundlichen und sonnigen Charakter.**

**Henri hat strenge ärztliche Bettruhe, weil er seine Bänder schlimm gedehnt hat.**

**Hubert trennt sich nur ungern von seinem Spielzeug, auch wenn er dafür eine neue Playstation bekommt.**

**Henri merkt schnell, dass er in der Schule einen Platz weit vorne braucht, damit er gut aufpassen kann.**

**Es ist mächtig dumm, auf der Autobahn bei viel Verkehr und hoher Geschwindigkeit Dummheiten auf seinem Sitzplatz zu machen.**

Müller / Sichert / Trautner: Rechtschreibung kompetenzorientiert 4 – LB
© Auer Verlag – AAP Lehrerfachverlage GmbH, Augsburg

Müller / Sichert / Trautner: Rechtschreibung kompetenzorientiert 4 – Lb
© Auer Verlag – AAP Lehrerfachverlage GmbH, Augsburg

Name: _____          Datum: _____

## 1. Lernzielkontrolle

**1. Schreibe die diktierten Wörter auf.**

_____
_____
_____          /6

**2. Schreibe die diktierten Sätze auf.**

_____
_____
_____
_____
_____
_____          /14

**3. Ordne die Wörter richtig nach dem Abc. Achte auf die richtige Schreibung.**

Zoologe  Chamäleon  Zypresse  Chlorophyll  zynisch  Zylinder  chemisch  Zebra

_____          /4

**4 a) Wie stehen diese Wörter im Wörterbuch? Schreibe auf.**

er saß   bequemer   Stühle   härter   sie lehnt sich an   Ränke

_____          /3

_____          /2

**4 b) Was musst du tun? Erkläre mit Fachbegriffen.**

**5. Bilde Zweisilber. Achte auf die Rechtschreibung.**

Maus –  _____          er rennt –  _____

kahl –  _____          Wut –  _____          /3

ihr glaubt –  _____          lieb –  _____

**6. Schreibe in richtiger Groß- und Kleinschreibung auf. Denke an die Satzzeichen.**

*DAMIT DU GUTE LEISTUNGEN ERBRINGEN KANNST MUSST DU BEI ERKLÄRUNGEN AUFPASSEN IST DAS FÜR DICH EINE SCHWIERIGKEIT PROBIERE ES DOCH EINFACH EINMAL AUS*

_____          /5

**7. Achtung, Fehlerteufel! Streiche falsche Wörter durch und schreibe sie richtig darüber.**

*jetzt bin ich entlich bei der letzten Aufgabe angekomen. (3)*          /3

Von 40 Punkten hast du _____ erreicht.          Note: _____

41

## Erläuterungen zur 1. Lernzielkontrolle auf S. 41

**Zu 1.:**

*gewittern, Räuber, Kürze, austricksen, es fließt, dumm, er trennt, Seilbahn, platzieren, blitzen, froh, Verbrennung*

→ pro richtig geschriebenem Wort ½ Punkt

**Zu 2.:**

*Luchse und Tiger leben in der Wildnis. Sonst sieht man sie nur bei einem Ausflug in den Zoo. Es ist spannender, diese Lebewesen zu beobachten als mit der eigenen Playstation zu spielen oder Comics zu lesen. Wenn man vorsichtig, aber auch nicht zu ängstlich ist, kann man ihnen sogar Tricks beibringen oder sie zu tollen Leistungen anspornen. Wirklich glücklich sind diese mächtigen Geschöpfe aber nur, wenn sie fröhlich und mit glänzendem Fell draußen in der Freiheit heranwachsen dürfen.*

→ pro falsch geschriebenem Wort 1 Punkt Abzug.

**Zu 3.:**

*Chamäleon, chemisch, Chlorophyll, Zebra, Zoologe, Zylinder, zynisch, Zypresse*

→ pro richtig geordnetem und rechtschriftlich korrektem Wort ½ Punkt

**Zu 4a.:**

*sitzen, bequem, Stuhl, hart, anlehnen/lehnen, Bank*

→ ½ Punkt pro richtigem Wort

**Zu 4b.:**

*Nomen stehen in der EZ, Verben in der Grundform, Adjektive in der Grundstufe*

→ 1 Punkt für Fachbegriffe, 1 Punkt für Erklärung

**Zu 5.:**

*Mäu-se, kah-le, glau-ben / Glau-be, ren-nen, wü-tend, lie-ben / Lie-be*

→ ½ Punkt pro richtig gebildetem Zweisilber; Rechtschreibfehler zählen als Fehler!

**Zu 6.:**

*Damit du gute Leistungen erbringen kannst, musst du bei Erklärungen aufpassen. Ist das für dich eine Schwierigkeit? Probiere es doch einfach einmal aus.*

→ pro Fehler 1 Punkt Abzug

**Zu 7.:**

→ 1 Punkt für das richtig verbesserte Wort

| **Vorgeschlagener Punkteschlüssel:** | | | | | |
|---|---|---|---|---|---|
| 40 – 37 | 36 – 33 | 32 – 25 | 24 – 17 | 16 – 9 | 8 – 0 |

Müller / Sichert / Trautner: Rechtschreibung kompetenzorientiert 4 – LB
© Auer Verlag – AAP Lehrerfachverlage GmbH, Augsburg

# 5. Groß- und Kleinschreibung (Adjektive und Nachsilben)

## Das sollte man wissen

Die Sachinformationen sind aus dem vorangehenden Lehrerkommentar zur Groß- und Kleinschreibung zu entnehmen.

In der vorangegangenen Sequenz sollte der Schwerpunkt innerhalb der Groß- und Kleinschreibung das Erkennen der Nomen durch ihre Suffixe (Nachsilben) sein.
Nun soll der Fokus auf den Suffixen bei Adjektiven liegen. Auch hier bildet sich eine Schnittstelle von Grammatik und Rechtschreibung, da die Wortbildung entscheidend für die korrekte Schreibweise ist. Demnach kann die Wortbildung beim Adjektiv mittels eines Adjektivs selbst, eines Nomens, Verbs oder Adverbs als Basiswort geschehen.

Beispiele:

---

**Nomen:**
Glück + **lich** → glücklich, Furcht + **los** → furchtlos, Fehler + **haft** → fehlerhaft

**Verb:**
beachten + lich → beachtlich, schweigen + sam → schweigsam, abhängen + ig → abhängig

**Adjektiv:**
faul + ig → faulig, rund + lich → rundlich

**Adverb:**
(nur mit dem Suffix -ig möglich) bald + ig → baldig

---

Die gängigen Nachsilben bei Adjektiven sind:
*-ig, -lich, -bar, -sam, -haft, -isch und -los.*

Exemplarisch soll mittels der angebotenen Lernwörter Gelegenheit zum Erforschen von Wortbildungsprozessen beim Adjektiv gegeben werden.

Ebenso werden in Anlehnung an das vorangehende Kapitel Wortbildungen thematisiert, welche über die Adjektiv-Suffixe *-ig* und *-lich* **kombiniert** mit den Nachsilben *-heit* und *-keit* gebildet werden und wiederum ein Nomen ergeben (Schwier**ig**keit, Herzl**ich**keit).

Die Herausforderung bei den Kindern liegt in der ähnlichen Lautung der **Suffixe -ig** und **-lich**. Erfahrungsgemäß ergeben sich an dieser Stelle (natürlich auch regional beeinflusste) Probleme, da die Schüler /Süßichkeit/ sprechen und es demnach auch mit <-ich> verschriften. Durch das Erkennen der Wortbildungen durch -ig und -lich soll ihnen bewusst werden, dass zwar /ich/ gehört, aber <ig> verschriftet wird.
Zudem können sie sich über das Bestimmen von Adjektiven über die thematisierten Nachsilben deren Kleinschreibung erschließen und dies somit für den Rechtschreibvorgang nutzen.

Müller / Sichert / Trautner: Rechtschreibung kompetenzorientiert 4 – LB
© Auer Verlag – AAP Lehrerfachverlage GmbH, Augsburg

## Kompetenzstufen

**Automatisierung der Groß- und Kleinschreibung**

Flexible *Anwendung* dieser Strategien – auch in eigenen Texten

1. Großschreibung am Satzanfang (auch in eigenen Texten selbstverständlich den Satzanfang großschreiben)
2. Großschreibung bei Substantiven (auch in eigenen Texten selbstverständlich Substantive großschreiben)

Bewusste *Anwendung* dieser Strategien

1. Großschreibung am Satzanfang (Automatisierend den Satzanfang großschreiben)
2. Großschreibung bei Substantiven (Anwenden der bereits im Unterricht behandelten Beweise)

*Kenntnis* über Strategien:

1. Großschreibung am Satzanfang (Erkennen des Satzanfanges)
2. Großschreibung bei Substantiven (Kennen der bereits im Unterricht behandelten Beweise)
   - Inhaltlich: was man anfassen/sehen kann (1./2. Jahrgangsstufe)
   - Inhaltlich/Formal: Einzahl/Mehrzahl (1./2. Jahrgangsstufe)
   - Formal: die Artikelprobe (1./2. Jahrgangsstufe)
   - Endung am Wort: *-ung, -heit, -keit* (3./4. Jahrgangsstufe)
   - **Erweiterung durch die Endungen -ig, -lich, -bar, -sam, -haft, -los bei Adjektiven**

**Fundament:**

- Motivation und Volition, Wörter orthografisch korrekt zu verschriften
- lauttreues Schreiben von Wörtern
- Bewusstsein darüber, dass es im Deutschen eine Groß- und Kleinschreibung gibt

## Kompetenzstufentest

Ein Kompetenzstufentest an dieser Stelle ist nicht nötig, da aus der vorangegangenen Diagnose über die Groß- und Kleinschreibfähigkeiten wesentliche Informationen vorliegen. Diese sind auch im Hinblick auf die aktuelle Sequenz noch einmal näher zu betrachten und mit den Beobachtungen aus den Vorstunden zu verknüpfen. Gezielte Beobachtungen können auch im entsprechenden Grammatikunterricht gemacht werden.

## Informationen vorab

Auch die Informationen vorab sind aus dem vorangehenden Kapitel zur Groß- und Kleinschreibung zu entnehmen.

Da innerhalb der 4. Klasse der Fokus auf den Wortbildungen (Schnittstelle Grammatikbereich) liegen soll, sollen die Schüler auch in dieser Einheit die Nachsilben dahingehend nutzen, um die Wortart zu bestimmen und dadurch zur korrekten Schreibung (groß oder klein) zu gelangen. Der **Nutzen** von Wortbausteinen soll den Kindern ganz bewusst werden, weil diese bei der Groß- und Kleinschreibung dienlich sind.

Vor der Beschäftigung mit diesem Lernwörterblock sollte davon ausgegangen werden, dass das Adjektiv mit seinen bisher bekannten Beweisen gesichert ist. Das Wortmaterial innerhalb dieser Einheit wurde so gewählt, dass Entdeckungen am Wortstamm ermöglicht werden.

Müller/Sichert/Trautner: Rechtschreibung kompetenzorientiert 4 – LB
© Auer Verlag – AAP Lehrerfachverlage GmbH, Augsburg

# 5. Groß- und Kleinschreibung (Adjektive und Nachsilben)

## Zum Wortmaterial

| Nomen | Adjektive | | | | | |
|---|---|---|---|---|---|---|
| *Flüssigkeit* *flüssig + keit* *Fluss + ig* | *faulig* *faul + ig* | *gefährlich* *Gefahr + lich* | *wunderbar* *Wunder + bar* | *bedeutsam* *bedeuten + sam* | *gefahrlos* *Gefahr + los* | *reich* → *exemplarisch für Adjektive* **ohne** *Nachsilben* |
| *Fröhlichkeit* *fröhlich + keit* *froh + lich* | *gierig* *Gier + ig* | *freundlich* *Freund + lich* | | | | *fett* → *exemplarisch für Adjektive* **ohne** *Nachsilben* |
| *Gefahr* | | | | | | *bequem* → *exemplarisch für Adjektive* **ohne** *Nachsilben* |

Das Nomen *Gefahr* wurde bewusst in den Lernwörterblock aufgenommen (Signalwort), um eine Erforschung in Richtung Wortbausteine zu lenken, da parallel die Adjektivformen ‚gefährlich‘ sowie ‚gefahrlos‘ in den Lernwörtern vertreten sind.

Zudem kann daran die unterschiedliche Bedeutung der Nachsilben *-lich* und *-los* herausgearbeitet werden.

## Erarbeitungsvorschlag

### Einstieg

- Gesprächsanlass: AHA-Seite aus dem Arbeitsheft | AH | 25 |
  - Eingehen auf die Fehler der Kinder: Wer findet welches Wort schwer und warum?
  - Erklären der gefundenen Ordnungen / AHA-Sätze durch die Kinder

  *Aufgrund der Wortpaare ‚Gefahr‘ – ‚gefährlich‘ sowie ‚gefahrlos‘ können die Kinder bereits zu einer auf Nachsilben bezogenen Ordnung gelangen. Dadurch, dass im vorangehenden Kapitel die Nachsilben bei Nomen untersucht wurden, werden viele Kinder die hier gebotenen Wörter auch dahingehend ordnen. Im Plenum kann gemeinsam folgende Ordnung erarbeitet werden:*

- Gemeinsame Ordnungsfindung

| Nomen | Adjektive mit Nachsilben | | | | | Adjektive ohne Nachsilben |
|---|---|---|---|---|---|---|
| *Flüssigkeit* *flüssig + keit* *Fluss + ig* *Fröhlichkeit* *fröhlich + keit* *froh – lich* *Gefahr* | *faulig* *faul + ig* *gierig* *Gier + ig* | *gefährlich* *Gefahr + lich* *freundlich* *Freund + lich* | *wunderbar* *Wunder + bar* | *bedeutsam* *bedeuten + sam* | *gefahrlos* *Gefahr + los* | *reich* *fett* *bequem* |

*Evtl. werden nochmals die Beweise zur Großschreibung von Nomen und Kleinschreibung von Adjektiven angesprochen. Diese können durch Tafelkarten visualisiert werden.*

### Erarbeitung

- PA / GA mit Arbeitsauftrag: Untersuche heute alle Lernwörter und achte darauf, wie ihre Wortart bewiesen werden kann. Untersuche auch die versteckten Wörter in diesen. Wie helfen dir diese Erkenntnisse für die Rechtschreibung?

# 5. Groß- und Kleinschreibung (Adjektive und Nachsilben)

- Unterrichtsgespräch:

Erkenntnis 1:

– Beweise für Adjektive wiederholen und durch die Nachsilben ergänzen

Erkenntnis 2:

– Bildungsprozesse der Adjektive mit Nachsilben durchdringen
  (Adjektiv / Verb / Nomen + Nachsilbe = Adjektiv)

Erkenntnis 3:

– Hat ein Wort die Nachsilbe *-ig, -lich, -bar, -sam, -los* ist es ein Adjektiv (Wiewort) und ich schreibe es
  klein.

Erkenntnis 4:

– Verb / Adjektiv / Nomen + Nachsilbe (-ig / -lich) → Adjektiv + Nachsilbe (-heit/-keit) = Nomen

Erkenntnis 5:

– Isolierung des Grundwortes kann bei der richtigen Schreibung innerhalb des Adjektivs helfen.
  (freun**d**lich → Freunde → Freun-**de**)

*Innerhalb dieses Lernwörtermaterials sind vielfältige Erkenntnisse möglich. Nicht alle Kinder können
alle bereits in dieser Stunde im Gesamten durchdringen. Wichtig ist, dass für alle Schüler der Bezug zur
korrekten Groß- und Kleinschreibung deutlich wird.*

## Sicherung

- Erstellen eines Plakates mit einer Wortsammlung zu den unterschiedlichen Nachsilben beim Adjektiv

## Mögliche Erweiterung für den Grammatikunterricht:

*Zielangabe: Heute wollen wir genauer untersuchen, auf welche Art diese Adjektive bzw. Nomen gebildet wurden!*

- Fragestellung: Findest du eine Unterordnung innerhalb dieser Adjektive?
- Finden der unterschiedlichen Bildungen anhand des Lernwörtermaterials mit der Erkenntnis:

| ? Adj. / Nomen | **+ ig** | → Adjektiv (Wiewort) | Nomen | **+ ig + keit** | → Nomen |
| ? Adj. / Nomen | **+ lich** | → Adjektiv (Wiewort) | Nomen | **+ lich + keit** | → Nomen |
| ? Nomen | **+ bar** | → Adjektiv (Wiewort) | | | |
| ? Verb | **+ sam** | → Adjektiv (Wiewort) | | | |
| ? Nomen | **+ los** | → Adjektiv (Wiewort) | | | |

⟹ Diese Nachsilben helfen beim Bestimmen der Wortart.

⟹ Namenwörter schreibt man groß!
→ Rückschluss:
Alle Wörter mit den Nachsilben *-ig, -lich, -bar, -sam, -los* schreibe ich also klein!
Erweiterung: Hängt daran noch ein *-keit* oder *-heit* (*Süßigkeit, Herzlichkeit*), denke ich an die
Nachsilben bei Nomen (Namenwörter):
Alle Wörter mit den Nachsilben *-heit, -keit, -ung* und *-nis* schreibe ich groß!

## Weiterarbeit

- Bearbeiten der [AH 26 ff.] im Arbeitsheft
- Kompetenzorientierte Übungen, siehe ◉
- Arbeit mit dem Lernwörterplan

Müller / Sichert / Trautner: Rechtschreibung kompetenzorientiert 4 – LB
© Auer Verlag – AAP Lehrerfachverlage GmbH, Augsburg

## Material

*Wortkarten für die PA / GA oder Tafel*

| Flüssigkeit | flüssig | Fluss | gefährlich | gefährlich |
|---|---|---|---|---|
| Gefahr | fahren | faulig | faul | wunderbar |
| Wunder | bedeutsam | bedeuten | gierig | Gier |
| Gefahr | reich | fett | fetter | gefahrlos |
| Gefahr | freundlich | Freund | Freunde | bequem |
| Fröhlichkeit | fröhlich | froh | froher | |

*Regelkarte*

**Regel:**

Den ersten Buchstaben des Wortes **am Satzanfang** schreibe ich immer groß.
**Nomen (Namenwörter)** schreibe ich groß. Diese erkenne ich so:
- Ich kann sie malen, sehen und anfassen.
- Ich kann einen Begleiter davorsetzen (der, die, das / ein, eine).
- Ich kann die Mehrzahl bilden.

*-ig, -lich, -bar, -sam* und *-los*
sind traum*haft*, denn ich erkenne das Adjektiv
und schreibe es NICHT groß.

*Lernwörter für das Lernwörterheft*

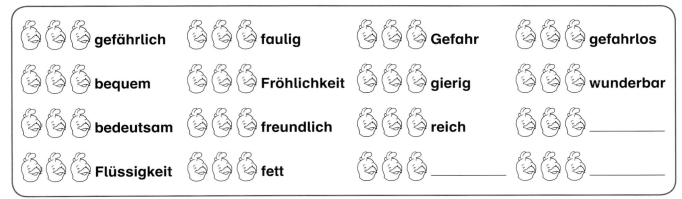

| gefährlich | faulig | Gefahr | gefahrlos |
| bequem | Fröhlichkeit | gierig | wunderbar |
| bedeutsam | freundlich | reich | _____ |
| Flüssigkeit | fett | _____ | _____ |

*Arbeitstext/Diktat*

### Geschenke aus Amerika

Der Weckruf des Nachbarhahns draußen in der Wildnis verleiht dem sonst so bequemlichen Henri Schwung.

Mit Freude schiebt er das Tor seines Stalles zur Seite.

Onkel Theo kam nämlich nach Europa.

Voller Fröhlichkeit denkt er daran, wie wunderbar und bedeutsam dieser Besuch für ihn ist.

Für seine Zeugnisnoten und schulischen Leistungen wurde er reichlich gelobt.

Er bekam eine leckere Flüssigkeit aus Amerika, die super schmeckte und fette Gummibärchen, die er gleich gierig verschlang.

Henri bedankte sich freundlich bei seinem Lieblingsonkel und versteckte die Reste gut.

Die Naschkatze Hubert stellt nämlich eine viel zu große Gefahr dar.

## Kompetenzorientierte Übungen

Welche Wörter gehören zu einer Wortfamilie? Male sie in der gleichen Farbe an.

SCHMUTZ   ERHOFFEN   VERGIFTEN   GEFÄHRLICH   SCHMUTZIG
GEFAHRLOS   HOFFNUNG   VERSCHMUTZEN   GITFTIG   GEFÄHRDEN
HOFFENTLICH   GIFT   UMWELTVERSCHMUTZUNG
GEFAHR   HOFFEN   RATTENGIFT

Schreibe geordnet auf, gib den Wortstamm an und achte auf die Groß- und Kleinschreibung.

Die Nachsilbe „-los" bedeutet „ohne".
Finde selbst Beispiele, erkläre sie und schreibe einen passenden Satz.
**Gefahr → gefahrlos = ohne Gefahr**
Bei „Grün" kann ich

Bilde Adjektive (Wiewörter), indem du die passende Nachsilbe anhängst.

-ig   -lich   -haft   -sam   -bar   -isch

Neid   →   sparen   →   laut   →
Ekel   →   Freund   →   essen   →
Glück   →   Herz   →   Rat   →
lieben   →   Wolke   →   Trauer   →
*kaufen   →   *schaden   →   *laufen   →
*Was ist hier los?

Finde selbst Adjektive zu diesen Nachsilben.

-ig:
-lich:
-haft:
-sam:
-bar:
-los:

In welche Wortarten kannst du die Adjektive umwandeln?
zauberhaft: zaubern (Verb), der Zauber (Nomen)
essbar:
ekelhaft:
glaubhaft:
dankbar:
schmerzhaft:
traumhaft:

Nomen oder Adjektiv?
Ordne richtig in die Tabelle ein und achte auf die Groß- und Kleinschreibung.

HEITERKEIT   FREUNDLICH   HEILUNG   WUNDERBAR   TRAURIGKEIT
WOLKENLOS   KRANKHEIT   ZEITUNG   TRAUER   HALTERUNG
KRÄNKLICH   TRAURIG   FREUNDSCHAFT   VERWUNDERUNG
ZEITLICH   RATSAM   HEILBAR

| Nomen | Adjektiv |
| --- | --- |
|  |  |
| Nachsilben: | Nachsilben: |

Setze richtig ein: -ig oder -lich?

gift___   ängst___   mut___   biss___   hoffent___
witz___   ehr___   schmutz___   frisd___   lust___
list___   fleiß___   nütz___   fröh___   *raur___   empfind___

Schreibe noch einmal geordnet auf. Welche Regel hilft dir?
-ig:
-lich:

Finde Wörter aus der Wortfamilie durch das Anhängen von passenden Vor- und Nachsilben.
Achte dabei auf die richtige Groß- und Kleinschreibung.
-fall-
-freund-
-gift-
-spar-

Bilde **Adjektive**, indem du passende Nachsilben an den Wortstamm hängst?
Tipp: Manchmal kannst du sogar noch Vorsilben anhängen?
**Gefahr: gefährlich, gefahrlos**
heilen:
strafen:
Kind:
folgen:
halten:

Müller/Sichert/Trautner: Rechtschreibung kompetenzorientiert 4 – LB © Auer Verlag – AAP Lehrerfachverlage GmbH, Augsburg

## Das sollte man wissen

Im Deutschen werden Wortstämme meist gleichgeschrieben (**Hund – Hund**e). Innerhalb einer Wortfamilie wird **ein Lautwechsel** durch die Umlautung gekennzeichnet *(Ast – Äste; Busch – Büsche; Loch – Löcher; Baum – Bäume)*. Dies bedeutet den lautlichen Wechsel der Vokale <a>, <u> und <o> sowie des Diphthongs <au> durch Flexion zu <ä>, <ü>, <ö> sowie <äu>. Dabei bergen die Umlautungen <u> → <ü> und <o> → <ö> keine besonderer Schwierigkeiten.

Die Besonderheit der Umlautung von **a** bzw. **au** ergibt sich durch die lautliche Verwechslungsmöglichkeit von <ä> und <äu> zu <e> bzw. <eu>.

Man kann sich die Umlautung durch den Zusammenhang Einzahl und Mehrzahl bei Nomen, durch die Grundformbildung bei Verben (er f**ä**llt – f**a**llen) sowie durch die Steigerungsform bei Adjektiven (w**ä**rmer – w**a**rm) erklären.

An dieser Stelle sei nochmals auf das Kapitel zur Umlautung aus Jahrgangsstufe 3 sowie auf das Einstiegskapitel (Prototypischer Zweisilber) verwiesen, welche bereits wichtige Grundvoraussetzungen schafften, um sich erneut und tiefgreifender mit dem Phänomen der Umlautung auseinanderzusetzen.

Neben diesen Formen gibt es Umlautungen, die eine Rückführung in eine andere Wortart fordern. Bei diesen komplexen Fällen muss demnach die Wortfamilie herangezogen werden *(hängen – der Hang)*. Hierbei gibt es Wortverwandtschaften, die schnell ersichtlich sind (z. B. *laufen – Läufer, verläuft, läufig, …)*, aber auch solche, bei denen den Kindern eine Verwandtschaftsbeziehung vielleicht gar nicht bewusst ist *(der Sänger – er sang)*. Genau solche Fälle finden nun im Rahmen der 4. Klasse ihren Schwerpunkt, da die Grundlagen der Umlautung bereits geschaffen sind (Spiralprinzip!).

Sonderfälle ergeben sich dann, wenn keine Wortform hergeleitet werden kann. So bei *Käfer, Märchen, Käse, Bär…*. Diese Wörter müssen als Merkwörter thematisiert werden.

Ein besonderes Phänomen stellen außerdem Nomen dar, welche durch Pluralbildung keine Umlautung aufweisen *(Nase – Nasen, Auge – Augen, …)*, jedoch bei der Verkleinerung umgelautet werden *(Näslein, Äuglein,…)*.

## Kompetenzstufen

**Automatisierte, korrekte Verschriftung von Umlauten in eigenen Texten**

Automatisches, bewusstes Zurückgreifen auf die Bildung von verwandten Wörtern (Anwenden von Strategien), um bei Wörtern mit a/ä und au/äu zur richtigen Schreibweise zu gelangen

→ Bewusstsein über wenige Ausnahmen = Merkwörter (Mädchen, März, Käfer)

Zweifel:
- Ich höre e und überlege, ob ich e oder ä schreibe (er *fellt oder er *fällt* → *fallen*)
- Ich höre eu und überlege, ob ich eu oder äu schreibe (er *leuft oder *läuft* → *laufen*)

→ Kenntnis der Strategie (versteckte Wörter finden):
- Pluralbildung
- Grundformbildung
- Bildung der Grundstufe
- Wortverwandtschaften finden

Lauttreue Verschriftung:
- Ich höre e und schreibe e (*er felt* ist hier noch möglich)
- Ich höre eu und schreibe eu (*er leuft* ist hier noch möglich)

→ Kenntnis der Umlaute als Schriftzeichen (ä und äu)

**Fundament:**
- Motivation und Volition, Wörter orthografisch richtig zu schreiben (d. h. weg von lauttreuen Verschriftungen)
- Bildung von Einsilbern → Zweisilbern / Zweisilbern → Einsilbern

Müller/Sichert/Trautner: Rechtschreibung kompetenzorientiert 4 – LB
© Auer Verlag – AAP Lehrerfachverlage GmbH, Augsburg

# 6. Umlautung

In der 2. Klasse begegnen die Kinder dem Phänomen der Umlautung von a und au als rechtschriftliche Besonderheit. In der 3. Jahrgangsstufe kann davon ausgegangen werden, dass sich der Großteil der Schüler auf Stufe 2 befindet. Darauf aufbauend begegnen die Schüler innerhalb der 4. Klasse einem Wortmaterial, bei welchem das „Versteckwort" nicht auf den ersten Blick ersichtlich ist, sowie den Ausnahmen der Umlautung.

## Kompetenzstufentest

Name: _____     Datum: _____

**1. Schreibe die diktierten Wörter auf:**

_____

_____

_____

**2. Fülle die Lücken mit ä, e, äu und eu.**

er l____ft     sie r____nnt     R____tsel     sch____men     fr____en

M____rchen     er ist erk____ltet     L____te     K____fig     ausb____ten

**3. Wie entscheidest du, ob ä/äu oder e/en geschrieben wird? Erkläre genau mit Beispielen.**

_____

_____

_____

## Erläuterungen zum Kompetenzstufentest

**Zu 1.:** Am wohl aussagekräftigsten ist es, zunächst viele Wörter mit ä/äu (aber auch e/eu) zu diktieren. So erfährt man, ob schon oft richtig oder teilweise mit <ä> verschriftet wird.
Zu diktierende Wörter können sein:
*Bäume, Geld, Käfer, er träumt, Ärmel, Gebäude, Mäuse, hängen, häufig, Stämme, Bär, er fällt hin, sie bellt, Eule, Fell, räubern, Käfig, Geschäft, quälen, Besen, länger, Rätsel, Nässe, säubern, häufig, Lärm*

**Zu 2.:** gibt anschließend Einblicke in die Denkweise der Kinder. Hier erfährt die Lehrkraft, ob bereits die Strategien (Grundformbildung, Steigerung, Pluralbil-

dung, Wortverwandtschaft) verinnerlicht sind und korrekt angewendet werden.
Die besonders schwer herzuleitenden Wörter wie *Rätsel (raten), schämen (Scham), erkältet (kalt)* wurden bewusst gewählt, da es an dieser Stelle sehr aufschlussreich sein kann, welche Schüler diese Wörter bereits richtig verschriften.

Hier ist interessant, ob ein Kind beide Möglichkeiten findet (schämen/schäumen).

**Zu 3.:** Hier zeigt sich, inwieweit Schüler auf Strategien zurückgreifen und diese erklären können.

Müller/Sichert/Trautner: Rechtschreibung kompetenzorientiert 4 – LB
© Auer Verlag – AAP Lehrerfachverlage GmbH, Augsburg

## Informationen vorab

Die Umlautung ist ein zentrales Thema des Rechtschreibunterrichts, das sich von der 2. Jahrgangsstufe ab bis in die 4. Klasse zieht (Spiralprinzip!). Durch die in den Sachinformationen vorab beschriebenen schwierigen Fälle der Umlautung (z. B. durch Wortbildungsprozesse) kann sie nicht als eine abgeschlossene Einheit gesehen werden. Es muss immer daran gedacht werden, dass sich im Laufe der Zeit die Strategien in den Köpfen der Kinder festigen, wandeln und erneut transformieren (Konstruktivismus!).

Innerhalb der 2. Jahrgangsstufe wurde dieses Phänomen bereits durch einfache Fälle der Umlautung in sich erschlossen. Darauf aufbauend wurde der Schwerpunkt innerhalb der 3. Klasse auf die Fälle der Umlautung gelenkt, bei welchen eine Ableitung durch die Wortverwandtschaft nötig wird. Zudem wurden bereits einige Ausnahmen in den Blick genommen, um bei den Kindern ein Verständnis darüber zu wecken, dass eine Ableitung nicht bei *allen* Wörtern möglich ist. Diese Fähigkeiten und das bereits erworbene Wissen über die Fälle der Umlautung sollen an dieser Stelle durch die Übertragung auf neues Wortmaterial gefestigt und weiter ausgebaut werden.

Der Unterschied zu der unterrichtlichen Behandlung im Vorjahr besteht nun darin, dass bei der Auswahl des Wortmaterials nicht mehr bewusst auf Wörter mit e bzw. eu verzichtet wurde. Mittlerweile sind die Kinder in ihrem Rechtschreibprozess so weit fortgeschritten, dass nicht mehr von einer Ranschburgschen Hemmung ausgegangen werden muss. Der *bewusste* Vergleich zwischen e/ä und eu/äu durch die mit aufgenommenen Beispielwörter *Held* und *heute* soll dazu führen, dass die Schüler noch tiefer in die Materie der Umlautung einsteigen können.

Durch das Wortpaar *Häute – heute* wird bewusst, dass die Wortbedeutung ebenfalls eine wichtige Rolle spielt und durch das Wortdiktat (ohne Satzzusammenhang) keine eindeutige Schreibung möglich ist.

## Zum Wortmaterial

| Umlautung: ableitbare Wörter | Umlautung: nicht ableitbare Wörter (Merkwörter) | keine Umlautung |
|---|---|---|
| ä: Säfte (Saft) hässlich (Hass) Bäcker (backen) härter (hart) er gräbt (graben) äu: Verkäufer ((ver)kaufen) es läutet (laut) Häute (Haut) | Käse Bär Märchen (steht auf dieser Seite, da die Kinder das Wort ‚Mar' nicht mehr in ihrem Wortschatz haben) | e: Held eu: heute |

Weitere Besonderheiten (bereits bekannte Phänomene):

*hässlich (hassen)*   → Mitlautverdopplung

*Bäcker (backen)*   → ck-Schreibung (MLV)

*er gräbt (graben)*   → Inlautverhärtung

*Held (Helden)*   → Auslautverhärtung

Zudem zu entdecken:

*Häute, heute*

Müller / Sichert / Trautner: Rechtschreibung kompetenzorientiert 4 – LB
© Auer Verlag – AAP Lehrerfachverlage GmbH, Augsburg

# 6. Umlautung

## Erarbeitungsvorschlag

### Einstieg

- Gesprächsanlass: AHA-Seite aus dem Arbeitsheft | AH | 29 |
  - Eingehen auf die Fehler der Kinder: Wer findet welches Wort schwer und warum?
  - Erklären der gefundenen Ordnungen / AHA-Sätze durch die Kinder

  *Hier werden die Kinder bereits bemerkt haben, dass leicht Fehler gemacht werden können, da <ä> und <e> sowie <äu> und <eu> verwechselt wurden. Dies kann einen Hinweis auf eine Ordnung nach der Umlautung geben. Dennoch werden wieder unterschiedlichste Ordnungen der Kinder auftreten, die ihre Würdigung erfahren.*

### Erarbeitung

- Impuls: Lehrer präsentiert seine Ordnung

| Keine Umlautung | Umlautung (Trick) | Umlautung (Ausnahmen) |
|---|---|---|
| Held<br><br>heute | Säfte<br>hässlich<br>Bäcker<br>härter<br>er gräbt<br><br>Verkäufer<br>es läutet<br>Häute | Käse<br>Märchen<br>Bär |

- Zielangabe: Heute geht es um die Umlautung.
- PA; GA: Tabelle (s. oben) zum Erforschen der „Tricks" zur Umlautung
- Plenumsdiskussion: „Versteckwörter" werden an der Tafel dazugehängt, sonstige rechtschriftliche Besonderheiten werden geklärt
- Ausnahmen werden angesprochen
- Regel an Tafel zur Visualisierung

  *Hier treten die freien Schüleräußerungen zum Vorwissen über die Umlautung in den Vordergrund. Im gemeinsamen Gespräch werden an den einzelnen Wörtern jeweils die Strategien zum Finden der „Versteckwörter" wiederholt. Dazu können die jeweiligen Symbolkarten zur Visualisierung an die Tafel gehängt werden.*

  *Die Ausnahmen werden bewusst thematisiert und die Regel / der Trick wird erneut ins Gedächtnis gerufen.*

### Schluss

- Tafel wird geschlossen
  EA: Formuliere deine wichtigste Erkenntnis
- Sammeln der bereits bekannten Ausnahmen (auch aus Jgst. 3) und Erstellen / Erweitern des Lernplakates zu den Ausnahmewörtern

## Weiterarbeit

- Bearbeiten der | AH | 30 ff. | im Arbeitsheft
- Arbeit an den Lernwörterübungen
- Kompetenzorientierte Übungen, siehe

Müller / Sichert / Trautner: Rechtschreibung kompetenzorientiert 4 – LB
© Auer Verlag – AAP Lehrerfachverlage GmbH, Augsburg

## Material

*Wortkarten für die PA / GA oder Tafel*

| | | | |
|---|---|---|---|
| Säfte | Saft | Verkäufer | verkaufen |
| kaufen | Käse | Held | Helden |
| heute | hässlich | Hass | hassen |
| Bäcker | backen | Märchen | Häute |
| Haut | härter | hart | es läutet |
| laut | er gräbt | graben | Bär |

*Lernwörter für das Lernwörterheft*

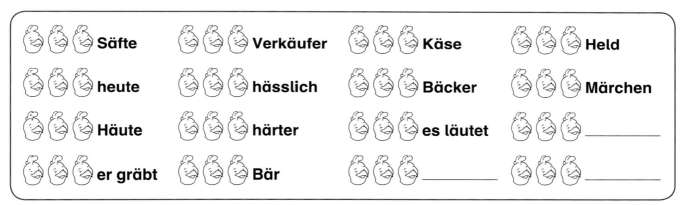

Säfte    Verkäufer    Käse    Held

heute    hässlich    Bäcker    Märchen

Häute    härter    es läutet    _____

er gräbt    Bär    _____    _____

*Regelkarte*

**Regel:**
Aha,
in ä versteckt sich a.
Ich weiß es sogar ganz genau –
in äu versteckt sich au.

**Trick:**
Um das Versteckwort zu finden,
muss ich …
- Verben (Tunwörter) in die Grundform setzen.
- Nomen (Namenwörter) in die Einzahl setzen.
- Adjektive (Wiewörter) in die Grundstufe setzen.

GF

**Achtung! Manche Wörter mit ä haben kein „Versteckwort".
Diese muss ich mir merken: Käse, Bär**

Müller / Sichert / Trautner: Rechtschreibung kompetenzorientiert 4 – LB
© Auer Verlag – AAP Lehrerfachverlage GmbH, Augsburg

# 6. Umlautung

Müller/Sichert/Trautner: Rechtschreibung kompetenzorientiert 4 – LB
© Auer Verlag – AAP Lehrerfachverlage GmbH, Augsburg

*Arbeitstext/Diktat*

---

### Hubert erzählt

Im Märchen geht es heute um einen verzauberten Käfer, der den Held der Geschichte darstellt.

Dieser vergräbt im Keller des Schlossgebäudes einen goldenen Käfig im verhärteten Boden.

Der Hofbäcker entdeckt ihn und rätselt, was wohl darin versteckt ist.

Schon länger hat er das hässliche Insekt herumkriechen sehen.

Häufig verspritzte es dabei auch seltsame Säfte, welche die Menschen träumerisch machten.

Aber endlich ist es soweit: Es riecht faulig.

Sogar die bequemen Verkäufer verlassen ihren Arbeitsplatz am Käsestand und tanzen über den Schlosshof.

Es läutet dreizehn Mal.

Plötzlich häutet sich die Kreatur und ein wunderbarer Schmetterling fliegt heiter über die Köpfe der Menschheit in die Wildnis.

---

## Kompetenzorientierte Übungen

**Aha, in ä versteckt sich a!**
Ich weiß es sogar ganz genau – in äu versteckt sich au!

Finde eigene Beispiele und gib das Versteckwort an.

Äste – Ast, _____

Bäume – Baum, _____

**Achtung: Manche Wörter mit ä haben kein „Versteckwort".
Diese muss ich mir merken!**

Merkwörter mit ä: _____

So finde ich Versteckwörter mit ä/äu. Ergänze mit eigenen Beispielen.

Bäume – Baum, _____

er lässt – lassen, _____

kälter – kalt, _____

läuten – laut, _____

Schreibe die Versteckwörter mit ä/äu auf.

Bälle – _____ sie träumt – _____ wärmer – _____
Mäuse – _____ älter – _____ er läuft – _____
Bände – _____ Häuser – _____ er trägt – _____
sie fällt – _____ Länder – _____ Räume – _____
*häufig – _____ *sie näht – _____ *er kämmt – _____

*Was musst du hier tun? Erkläre mit Fachbegriffen.

---

**Achtung: Ich höre e/eu und schreibe ä/äu.**

Welche Regeln und Tricks helfen dir?

Schreibe eigene Beispiele auf:

Wörter mit ä: _____

Wörter mit äu: _____

Ausnahmen: _____

Schreibe das Versteckwort auf.

Wälder _____ kälter _____ er hätt _____
er säubert _____ Räuber _____ hässlich _____
häuslich _____ sie läutet _____ träumen _____
er klärt _____ sie hängt _____ ändern _____
Gelände _____ sie fällt _____ *nämlich _____

*Was musst du hier tun? Erkläre mit Fachbegriffen.

Ordne richtig in die Tabelle ein und gib das Versteckwort an.

sich sch___men ___rger Geb___de kl___ffen
beschr___nken h___sslich sch___men K___se K___nguru
Kr___ter pl___rren L___rm h___ten Sch___rpe

| Wörter mit ä und Versteckwort | Wörter mit äu und Versteckwort | Merkwörter mit ä |
|---|---|---|
| | | |

---

Finde passende Wörter aus der Wortfamilie mit ä/äu.

Traum: träumen, _____
klar: _____
Raum: _____
anders: _____
laut: _____
sauber: _____
backen: _____

Einer raus. Denke an die Umlautung.

Mäuse, läuten, Bälle, Häuser
Grund: _____

hässlich, Käfer, ändern, Länder
Grund: _____

Lärm, Bär, Kläger, Säge
Grund: _____

Setze richtig ein: ä/e oder u/eu?

Jeder auf der W___lt weiß, dass die W___lder Europas immer st___rker bedroht sind. Für ihre R___ttung hilft keines R___bers B___te und auch nicht die St___ern aller L___nder. Dieses Problem muss noch gekl___rt w___rden. Nicht d___nken, sondern ___ndlich etwas ___ndern. Nicht L___rm, sondern L___terung hilft. Die Stürme werden immer h___ftiger, die Winter k___lter und der Sommer w___rmer. Wenn ihr L___te nun wachgel___tet seid, kö___nen wir uns wieder fr___en, weil die B___me gehört werden.

Schreibe alle Versteckwörter auf, welche dir helfen.

_____
_____

---

# 7. Auslautverhärtung und kombinatorische Verhärtung

## Das sollte man wissen

Die Auslautverhärtung (ALV) geht auf das Wortstamm-Prinzip zurück. Gleiche Wortstämme werden gleich geschrieben (*Hund – Hunde*).

In der einsilbigen Wortform wird oft ein hartes /t/ (/p/, /k/) gesprochen, aber in Anlehnung an den Zweisilber ein <d> (<b>, <g>) geschrieben.

Bei Nomen und Adjektiven ist es einfach. Aus /p/, /t/ und /k/ wird <b>, <d> und <g>, wenn durch Pluralbildung (bei Nomen) oder Steigerung bzw. Deklination (bei Adjektiven) der gleiche Stamm erkennbar ist.

Die Verhärtung in der Mitte eines Wortes (bei Verben, Zusammensetzungen und weiteren Wortbildungen) ist den Kindern oft als solche nicht bewusst. Beschwerlich können beispielsweise Wortzusammensetzungen wie Burghof (Bur-*gen*) oder Wortbildungen wie *bewegt* (We-*ge*) sein. Auch bei Verbformen wie *er lügt* oder *er lobt* (*er lükt, er lopt*) können sich Schwierigkeiten ergeben, weil das <t> am Wortende eine Verhärtung des vorangegangenen Buchstabens hervorruft. Hier muss auf die Grundform (*lügen, loben*) rückgeführt werden. Man spricht deshalb von ´kombinatorischer Verhärtung`. Durch Verbflexion entstehende präteritale Formen (*er gab, er fand, er flog*) werden ebenfalls mit /p/, /t/ und /k/ gesprochen. Hier muss wiederum der Zweisilber durch die Wir-Form (*wir gaben, wir fanden, wir flogen*) oder ggf. die Grundform (*geben, finden, fliegen*) gebildet werden, um die korrekte Schreibung zu ermitteln.

Ein paar wenige, kurze Wörter wie *ab, ob, und* sind Merkwörter.

Zentral bei der Arbeit mit der Auslautverhärtung ist immer, abgesehen von den Merkwörtern, das Bilden von zweisilbigen Formen. Deshalb sind die vorausgehenden Kapitel mit ihren Strategien zur Bildung von Prototypischen Zweisilbern auch hier grundlegend.

Zunächst soll wieder vom Basalen ausgegangen werden, um dann die Auslautung auf schwierige Bildungen und Wortzusammensetzungen sowie Formen anderer Wortbildungsprozesse auszuweiten (Spiralprinzip!).

## Kompetenzstufen

**Automatisiertes, unbewusstes Anwenden von Strategien zur ALV in freien Texten und an unbekannten Wörtern an beliebiger Stelle im Wort**

**Übertrag** des Wissens auf neue, unbekannte Wörter

*Bewusstes* Wahrnehmen von /p/, /t/, /k/ in der **Wortmitte** (kombinatorische Verhärtung) und *gezielter* Zweifel

→ **Anwendung von Strategien**
- Grundformbildung beim Verb (*er liebt* → *lie-ben*)
- Wortzusammensetzungen entschlüsseln (*Geldbörse* → *Gel-der*)
- Wortbildungsprozesse erkennen (*befremdlich* → *Frem-de*)

**Wissen** um das Phänomen der **Auslautverhärtung**:
*Bewusstes* Wahrnehmen von hartem /p/, /t/, /k/ am Wortende und *gezielter* Zweifel

→ **Anwendung von Strategien** bei einfachen, bekannten Wörtern:
- Wortverlängerung (Pluralbildung, Grundformbildung, Steigerung, Wortartwechsel)
- Trennung von Wortzusammensetzungen (bei denen bereits bekannte Wörter enthalten sind) in Einzelbestandteile und Ableitung einer bekannten Form

**Lauttreue Schreibung** (*Hunt, Hant, Gelt, …*), jedoch dabei erste **Irritationen**:
- Kennen der richtigen Schreibweise (*Hund, Hand, Geld, …*), aber noch keine Erklärung dafür → Metabewusstsein fehlt

**Fundament:**
- Motivation und Volition, Wörter orthografisch korrekt zu verschriften (weg von lauttreuen Schreibungen)
- Lautliche Unterscheidungsfähigkeiten von p–b, t–d und k–g am Wortanfang

# 7. Auslautverhärtung und kombinatorische Verhärtung

Dieser Kompetenzenstall bezieht sich auf das allgemeine Phänomen der Auslautverhärtung sowie der kombinatorischen Verhärtung im Laufe der gesamten Grundschulzeit. So werden sich die Schüler innerhalb der 2. Jahrgangsstufe vorwiegend in der Kompetenzstufe 2 bewegen. Sie lernen das Phänomen der ALV in Hinblick auf den Fall t → d kennen und nutzen bereits bekannte Strategien (MZ, GF, Steig.) zur Erklärung der korrekten Schreibweise.

In der 3. Klasse werden diese Erkenntnisse weiter ausgebaut, Strategien vertieft und auf die Fälle p → b und k → g erweitert. Nun findet eine Behandlung der Auslautverhärtung in ihrer Ganzheit statt. Außerdem werden die Kinder an das Phänomen der kombinatorischen Verhärtung herangeführt. Dieses wird innerhalb der 4. Jahrgangsstufe gefestigt und auf Wortzusammensetzungen weiter übertragen.

## Kompetenzstufentest

Neben dem angebotenen Kompetenzstufentest erlauben Einblicke in die Schülerhefte aussagekräftige Einsichten bezüglich der Schreibgewohnheiten der Kinder sowohl bezogen auf die Auslautverhärtung als auch auf die kombinatorische Verhärtung.

Name: _____   Datum: _____

**1. Schreibe nach Diktat.**

_____

_____

_____

_____

_____

_____

_____

## Erläuterungen zum Kompetenzstufentest

**Zu 1.:** Mögliche Wörter, die diktiert werden können:
*Bund, Nachricht, Dienst, sie biegt, er erlebt, bunt, Sport, Getränk, halb, schlank, wild, Laub, Trinkhalm, tausendfach, schmutzig, er hält, Specht, gesund, laut, wir sind, Zeugnis, gut, Wind, Strand, bringt, er zeigt, sie schreibt, es lebt, Freund, hundert, plump, er bleibt, ihr seid, Abend*

→ Hier wird ein relativ breiter Wortschatz abgefragt, um diagnostische Einsichten darüber zu erlangen, inwieweit die Kinder sowohl bei der Auslautverhärtung als auch bei der kombinatorischen Verhärtung bereits korrekt verschriften.

Müller / Sichert / Trautner: Rechtschreibung kompetenzorientiert 4 – LB
© Auer Verlag – AAP Lehrerfachverlage GmbH, Augsburg

# 7. Auslautverhärtung und kombinatorische Verhärtung

## Informationen vorab

Die Auslautverhärtung ist ein zentrales Thema des Rechtschreibunterrichts, das sich von der 2. Klasse ab bis in die 4. Klasse zieht (Spiralprinzip!). Durch die in den Sachinformationen vorab beschriebenen schwierigen Fälle der ALV (z.B. durch Wortbildungsprozesse) sowie durch die kombinatorische Verhärtung kann dieser Komplex nicht als eine abgeschlossene Einheit gesehen werden. Es muss immer daran gedacht werden, dass sich im Laufe der Zeit die Strategien in den Köpfen der Kinder festigen, wandeln und erneut transformieren (Konstruktivismus!).

Um bei den Kindern nicht unnötige Verwirrungen zu schaffen, haben wir uns entschieden, in der 2. Jahrgangsstufe nur auf <d>/<t> einzugehen. So dürfte es leichter sein, diesen Fall innerhalb der 3. Klasse auf die beiden anderen Fälle der ALV (<b>/<p> und <g>/<k>) zu übertragen.

Besonders hinsichtlich der kombinatorische Verhärtung sei erwähnt, dass hier bezogen auf den Dialekt regionale Unterschiede auftreten: So werden in gewissen Regionen die Verhärtungen eher aufgeweicht, in anderen Sprachregionen nicht.

Mittels dieser Einheit werden die in den vorangegangenen Schuljahren erworbenen Fähigkeiten und das Wissen bezüglich der Auslautverhärtung / kombinatorischen Verhärtung auf schwierigere Fälle übertragen und vertieft.

In erster Linie soll das *Bewusstsein* der Kinder dahingegen geschärft werden, dass sie sich die Gesamtkomplexität der Auslautverhärtung erschließen.

Dabei muss das Problem der *kombinatorischen Verhärtung bewusst* werden; d.h. sie müssen die bestimmte Schreibung von Wörtern gezielt infrage stellen.

Schließlich müssen sie die bereits bekannten Strategien zur Bildung Prototypischer Zweisilber nutzen, um auch hier eine sichere Entscheidung über die richtige Schreibweise zu treffen.

## Zum Wortmaterial

| b | d | g |
|---|---|---|
| Auslautverhärtung: <br> exemplarisch gezeigt durch je ein Verb, Nomen, Adjektiv | | |
| er schraubt (schrauben) → GF | Mund (Münder) → MZ | arg (ärger) → Steig. |
| Auslautverhärtung in der 1. Vergangenheit: | | |
| es gab (geben) → GF | sie fand (finden) → GF | er flog (fliegen) → GF |
| Kombinatorische Verhärtung: | | |
| | | er lügt (lügen) → GF <br> sie zeigt (zeigen) → GF |
| Auslautverhärtung in Zusammensetzungen: | | |
| glaubhaft (glauben) → GF | farbenblind (blinder) → Steig. | Berggipfel (Berge) → MZ <br> Wegweiser (Wege) → MZ <br> Zugabteil (Züge + ab) → MZ |
| Ausnahmen: | | |
| ab <br> → Keine Verlängerung möglich | | |

Müller / Sichert / Trautner: Rechtschreibung kompetenzorientiert 4 – L6 <br> © Auer Verlag – AAP Lehrerfachverlage GmbH, Augsburg

# 7. Auslautverhärtung und kombinatorische Verhärtung

Die Auswahl der Lernwörter zum Phänomen der Auslautverhärtung ist durch die Tabelle (s. o.) selbstsprechend. Die klassische Regel der Auslautverhärtung: /p, t, k/ → <b, d, g> wird aufgegriffen, um die Vergangenheitsformen sowie die kombinatorische Verhärtung erweitert und schließlich mittels (schwierigerer) Zusammensetzungen weiter ausgebaut.

**All diese Lernwörter sind über die Regelungen der Auslautverhärtung zu erschließen.**

Nicht über die Anwendung bereits bekannten Strategien zu erschließen (= Merkschreibung) ist das Wort *ab*.


## Erarbeitungsvorschlag

### Einstieg

- Gesprächsanlass: AHA-Seite aus dem Arbeitsheft | AH | 33 |
  - Eingehen auf die Fehler der Kinder: Wer findet welches Wort schwer und warum?
  - Erklären der gefundenen Ordnungen / AHA-Sätze durch die Kinder

  *Das Rechtschreibphänomen sticht nicht unbedingt auf Anhieb ins Auge, besonders, da die Verhärtung sowohl am Ende der Wörter als auch im Wortinneren auftreten. Es werden unterschiedlichste Ordnungen der Kinder auftreten, die ihre Würdigung erfahren.*


### Erarbeitung

- Impuls: Lehrer präsentiert seine Ordnung **Wörter mit b/d/g** zunächst unkommentiert
  → Schüleräußerungen / Vorwissen aktivieren
- Forscherblatt (EA; PA; GA)

  *Die Kinder erarbeiten durch das Forscherblatt, dass zwar ein hartes /p,t,k/ gehört, aber ein weiches <b,d,g> geschrieben wird. Sie reaktivieren die bereits bekannten Strategien zum Bilden von Prototypischen Zweisilbern und versuchen die Tricks zum Ermitteln der korrekten Schreibweise herauszuarbeiten.*

- Unterrichtsgespräch: Sammeln der Ergebnisse; gemeinsame Regelfindung / Strategien zum Verlängern der Wörter
- Regel / Strategiekarten an Tafel visualisieren

  *Hier sollen sich die Kinder Gedanken machen, **auf welche Art und Weise** eine verwandte Wortform gefunden werden kann. Dies kennen die Schüler bereits.*
  *Diese Strategien (zur Wortverlängerung / Wortveränderung) werden an der Tafel mithilfe der Symbolkarten zu der Regel visualisiert. Die Begrifflichkeiten sollen von den Kindern erneut wiederholt werden.*
  *Es wird versucht eine Unterordnung (s. Tabelle Wortanalyse) zu erarbeiten.*
  *Die Kinder sollen auf die Unterschiede*
  *Auslautverhärtung – kombinatorische Verhärtung*
  *Gegenwart – Vergangenheit*
  *keine Zusammensetzung – Zusammensetzung*
  *aufmerksam werden.*


### Sicherung

- Erweiterung der Tabelle um eigene Beispielwörter
  → Schülerideen (evtl. Suchen in den bisherigen Wörterlisten)


## Weiterarbeit

- Bearbeiten der | AH | 34 ff. | im Arbeitsheft
- Kompetenzorientierte Übungen, siehe ⊙
- Arbeit an den Lernwörterübungen

Müller / Sichert / Trautner: Rechtschreibung kompetenzorientiert 4 – LB
© Auer Verlag – AAP Lehrerfachverlage GmbH, Augsburg

## Material

*Forscherblatt*

Name: _____ Datum: _____

**FORSCHERBLATT**

**1. Übertrage die Ordnung von der Tafel in die Tabelle.**

| b | d | g |
|---|---|---|
|   |   |   |

**2. Markiere b, d und g. Was fällt dir auf?**

_____

_____

**3. Warum macht man hier leicht Fehler?**

_____

_____

**4. Erkläre: Warum schreibt man diese Wörter mit b, d und g? Gibt es für jedes Wort einen Trick?**

_____

_____

*Wortkarten für die PA/GA oder Tafel*

| | | | | |
|---|---|---|---|---|
| **Mund** | **Münder** | **Berggipfel** | **Berge** | **Gipfel** |
| **farbenblind** | **Farbe** | **blind** | **blinder** | **es gab** |
| **geben** | **ab** | **er schraubt** | **schrauben** | **Zugabteil** |
| **Zug** | **Züge** | **Abteil** | **teilen** | **glaubhaft** |
| **glauben** | **sie fand** | **finden** | **arg** | **ärger** |
| **Wegweiser** | **Wege** | **weisen** | **er flog** | **fliegen** |
| **er lügt** | **lügen** | **sie zeigt** | **zeigen** | **sie flogen** |
| **sie gaben** | **sie fanden** | | | |

*Lernwörter für das Lernwörterheft*

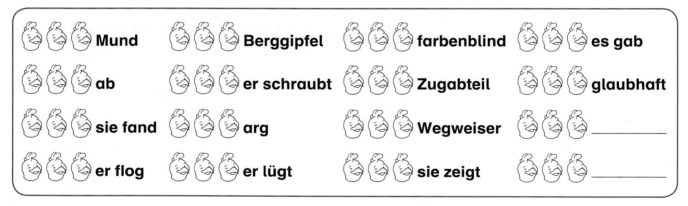

| | | | |
|---|---|---|---|
| **Mund** | **Berggipfel** | **farbenblind** | **es gab** |
| **ab** | **er schraubt** | **Zugabteil** | **glaubhaft** |
| **sie fand** | **arg** | **Wegweiser** | _____ |
| **er flog** | **er lügt** | **sie zeigt** | _____ |

*Regelkarte*

**Regel:** Ist im Wort oder am Ende ein
*b/p, d/t* oder *g/k* da?
Mach das Wort lang, dann wird es klar.

**Trick:**

**Achtung: Zusammensetzungen muss ich auseinandernehmen.**

Müller / Sichert / Trautner: Rechtschreibung kompetenzorientiert 4 – LB
© Auer Verlag – AAP Lehrerfachverlage GmbH, Augsburg

*Arbeitstext/Diktat*

**Ein anstrengender Ausflug**

Henri sitzt im ersten Zugabteil und wird ganz nervös.

Gestern fand er die Idee noch schön, gemeinsam mit Theo den Berggipfel zu erklimmen.

Er war nicht gerade klug, gab heftig an und versicherte glaubhaft, dass der Aufstieg kein Problem sei.

Heute steigt ihm das Blut in den Kopf, wenn er daran denkt.

Im Tal angekommen liegt der große Hügel, schraubt sich vor ihnen in die Lüfte und zeigt sich durch das Morgenlicht sonnengelb im weiten Land.

Die beiden laufen dem Wegweiser entlang über das Feld hinauf.

Der Aufstieg ist steil, der Wind kalt und Henri bekommt ganz arg Durst.

Als Halbzeitpause verweilen sie auf einer Wiese, versorgen ihren Mund mit Wasser und Theo zeigt seinem Neffen besondere Kräuter.

Henri gibt nicht auf.

Tapfer läuft er weiter bergauf.

Nach hundert Schritten sind sie endlich am Ziel angekommen.

Farbenblind vor Freude steigen sie wieder hinab und sind gesund am Abend zu Hause.

„Es war gar nicht anstrengend", lügt der kleine Hahn seinen Bruder Hubert an.

Theo schmunzelte: „Er flog wie eine Feder den ganzen Berg hinauf!"

## Kompetenzorientierte Übungen

---

**Ist am Ende oder im Wort ein b oder p, d oder t, g oder k da?
Mach das Wort lang, dann wird es klar!**

Ordne richtig in die Tabelle ein und verlängere das Wort, um das b, d, g zu erklären.

er glaubt   rund   er klagt   Hieb   sie biegt   trüb   Held   lieblos
Steg   eeraubt   karg   Hemd   gelblich   Lob   es gibt   sie singt

| Auslaut am Wortende | b, d, g im Wort |
|---|---|
|  | er glaubt – glauben |

---

**Manchmal muss man Zusammensetzungen trennen und dann den Zweisilber bilden, um das „b, d, g" zu erklären.**

Markiere das b, d, g, zerlege das Wort und bilde den Zweisilber.

Wegweiser: *We-ge, weisen*

Handball: _____     Berggipfel: _____

Raubfisch: _____     grobmotorisch: _____

Landkarte: _____     Lieblingsbuch: _____

*Waldweg: _____     *Sandburg: _____

*Bildband: _____     *Hemdärmel: _____

---

**Ist am Ende oder im Wort ein b oder p, d oder t, g oder k da?
Mach das Wort lang, dann wird es klar!**

Finde eigene Beispiele:

Berg – Berge, _____

er liest – lieben, _____

klug →klüger, _____

---

**Schreibe zu den Bildern das passende Wort.**

Finde zu jedem Wort eine oder mehrere Zusammensetzungen.

_____

_____

**Setze richtig ein: b oder p, d oder t, g oder k?**

Bil___ban___     Lan___karte     Fahrzeu___     Wel___atlas

Fruch___zwer___     Wan___schran___     Hef___einban___

Gel___beutel     Han___tasche     San___bur___     Ballklei___

Bro___kor___     Bie___kru___     Erfrischungsgeträn___     Holzban___

Welche Zweisilber helfen dir? Schreibe auf.

_____

**Setze ein: b/p, d/t oder g/k?**
Welche Wörter helfen dir?

er ga___     ___     sie tru___     ___     es flo___     ___

er san___     ___     er rie___     ___     ich blie___     ___

sie hiel___     ___     er tran___     ___     sie schlu___     ___

ich schrie___     ___     er scho___     ___     sie fan___     ___

Was musst du hier tun? Erkläre genau und mit Fachbegriffen.

---

**Setze ein: b/p, d/t, g/k?**

Tausen___ Erle___nisse in der Wil___nis

Mama erlau___t Henri, zusammen mit Hanna in den Wal___ zu gehen. Hanna trä___t

den Kor___ durch das Lau___. Auf einer Ban___ setzen sie sich ruhi___ hin und

träumen vom weißen San___stran___. Dann klettern sie auf den Ber___. Ganz oben

hän___t eine Fahne. Sie ist gel___ und flattert im Win___. Henri schwei___t und

Hanna sin___t. Diese Aussich___ kann man mit keinem Gel___ der Wel___ bezahlen.

Nun schie___t Henri das Ra___ und Hanna len___t. Hanna hu___t, damit nieman___

im We___ steht. Zu Hause ist nur eines wichti___: ein warmes Geträn___.

**Finde möglichst viele Wörter mit b, d, g am Wortende.**

b: _____

d: _____

g: _____

Schreibe einen lustigen Satz mit möglichst vielen dieser Wörter.

_____

**Achtung, Fehlerteufel!**
Streiche falsche Wörter durch und schreibe sie richtig darüber.

Im Urlaup erlept Henri ein Abendeuer im Wald. (4)

Kriek ist blöt. Henri lept liber Friedlich. (5)

Fertigerichte sind schlecht für die Gesundheit. (2)

Zukünftik gibt es nur noch raubkatzen in der Wiltnis (4)

## Zu den Kapiteln

- Groß- und Kleinschreibung (Adjektive und Nachsilben)
- Umlautung
- Auslautverhärtung und kombinatorische Verhärtung

*Arbeitstext / Diktat*

### Henri ist hungrig

Nach vier Stunden harter Schularbeit läutet es endlich.

Henri fand den Unterricht heute sehr bedeutsam und wunderbar.

Aber vor lauter Anstrengung konnte er kaum kurz und bequem auf seinem Stuhl träumen. Die Zeit flog nur so dahin.

Gefährlich schnell saust er jetzt zur freundlichen Verkäuferin am Backstand, um sich ein fettiges Salamibrötchen zu kaufen.

Trotz seines mächtigen Hungers lässt er noch ein kleines Kükenmädchen heldenhaft vor ihm in die Reihe, weil er merkt, wie es von großen Hähnen geärgert wurde.

Endlich kann er genießen und trinkt gierig einen großen Schluck der köstlichen Flüssigkeit aus der roten Flasche neben ihm.

Hmmm ... lecker. Limonade? Ich hatte doch Wasser dabei.

Da erkennt er den Irrtum.

Er hat die Behälter verwechselt.

„Naja, ich bin ja auch farbenblind!", lügt er glaubhaft.

*Innerhalb des Diktats befinden sich primär Lernwörter der Lernwörterblöcke 5–7 sowie Wortmaterial aus dem Grundwortschatz der Jahrgangsstufen 1/2, 3/4. Rechtschriftliche Besonderheiten in den übrigen Wörtern können aus den bekannten Regeln und Tricks hergeleitet werden.*

*Das Diktat kann zur Übung, als Diagnose oder aber auch als Lernstandserhebung herangezogen werden.*

*Sätze des Tages*

In den Märchen sind die Heldenfiguren oft wunderbar, kämpfen härter als alle anderen und scheuen keine noch so gefährliche Aufgabe.

Gierig grub er Stunde um Stunde in der hässlichen Höhle, bis er endlich den zauberhaften Schatz fand.

Fruchtsäfte sind gesunde Flüssigkeiten, die viele im Sommer gierig und reichlich trinken.

Gierig verschlingt Henri eine fette Wurst, nachdem er an vielen Wegweisern vorbei endlich den Berggipfel erreicht hat.

In der Bäckerei zeigt die freundliche Verkäuferin Hubert leckere Käsebrötchen und reichlich belegte Wurstsemmeln.

Unbekannte Flüssigkeiten bergen oft ungeahnte Gefahren in sich und können gefährlich bis tödlich sein.

Hanna liegt wunderbar faul auf der Wiese, singt fröhlich und läutet ihre Glöckchen.

Müller/Sichert/Trautner: Rechtschreibung kompetenzorientiert 4 – LB
© Auer Verlag – AAP Lehrerfachverlag GmbH, Augsburg

Müller / Stuber / Hammer – Rechtschreibung kompetenzorientiert ...
© Auer Verlag – AAP Lehrerfachverlage GmbH, Augsburg

Name: _____    Datum: _____

## 2. Lernzielkontrolle

**1. Schreibe die diktierten Wörter auf.**

_____
_____
_____
_____
_____
_____        /6

**2. Schreibe die diktierten Sätze auf.**

_____
_____
_____
_____
_____
_____
_____        /14

**3. Schreibe die Wörter in richtiger Groß- und Kleinschreibung auf.**

VERSÜßEN     ERNÄHRUNG     GESUNDHEIT     SÜß     SALZIG
ERNÄHREN     SÜßIGKEIT     UNGESUND

_____
_____
_____
_____        /4

**4. Bilde aus Nomen (Namenwörtern) Adjektive (Wiewörter) oder umgekehrt.**

geheim – _____        Wunder – _____
Zweifel – _____        frei – _____
übel – _____        Sonne – _____        /6

**5. Finde zur Wortfamilie _heil_ je _zwei_ Verben (Tunwörter), Adjektive (Wiewörter) und Nomen (Namenwörter).**

Verben: _____
Adjektive: _____        /3
Nomen: _____

**6. Setze richtig ein: _d_ oder _t_?**

Wel_bil_        Han_stan_        Bun_stif_        Hu_ban_        /4

**7. Umlautung (ä/äu).**
**Was weißt du dazu? Nenne je zwei passende Beispiele.**

1. _____
Beispiele: _____
2. _____        /4
Beispiele: _____

Von 41 Punkten hast du _____ erreicht.        Note: _____

63

## Korrekturhinweise zur 2. Lernzielkontrolle auf S. 63

**Zu 1.:**

*Märchen, Bedeutung, sie gräbt, er log, Hässlichkeit, mündlich, fettig, er gab an, Fäulnis, Tierhäute, arglos, farbenblind*

→ pro richtig geschriebenem Wort ½ Punkt

**Zu 2.:**

*Voller Fröhlichkeit und mit wunderbar guter Laune machte es sich Familie Hahn im Zugabteil bequem. Ein Ausflug ins Gebirge war geplant, um dort gemeinsam heldenhaft einen Berggipfel zu erklimmen. Beim Picknick mit frischen Käsebrötchen aus der Bäckerei flog die Zeit nur so dahin. Schon läutete es und der freundliche Schaffner kündigte an: „Nach dem nächsten Wegweiser sind wir am Ziel!" Hanna gab Henri noch einmal die Flasche mit den Fruchtsäften, aus der er gierig trank. Wie er fand, war er jetzt bereit, gestärkt und gefahrlos zu starten.*

→ pro falsch geschriebenem Wort 1 Punkt Abzug

**Zu 3.:**

*Süßigkeit, Ernährung, Gesundheit, süß, salzig, ernähren, versüßen, ungesund*

→ pro rechtschriftlich korrektem Wort ½ Punkt

**Zu 4.:**

*Geheimnis, wunderbar, zweifelhaft/zweifellos, Freiheit, Übelkeit, sonnig*

→ pro rechtschriftlich korrektem Adjektiv/Nomen 1 Punkt

**Zu 5.:**

*heilen, verheilen, Heilung, Heiler, heilbar, heilsam*

→ pro rechtschriftlich korrektem Wort ½ Punkt

**Zu 6.:**

*Welt**bild**, Hand**stand**, Bunt**stift**, Hut**band***

→ pro richtig gefüllter Lücke ½ Punkt

**Zu 7.:**

*1. Aha,*
*in **ä** versteckt sich **a**!*
*Ich weiß es sogar ganz genau –*
*in **äu** versteckt sich **au**!*
*oder: Ich muss die EZ, Grundform, Grundstufe bilden (= Versteckwort)*
*Bäcker (backen), Ärger (arg)*
*2. Achtung: Manche Wörter mit **ä/äu** haben kein „Versteckwort". Diese muss ich mir merken!*
*Käse, Bär*

→ 1 Punkt pro Regel / Trick, ½ Punkt pro rechtschriftlich korrektem Beispiel

| **Vorgeschlagener Punkteschlüssel:** | | | | | |
|---|---|---|---|---|---|
| 41 – 38 | 37 – 34 | 33 – 26 | 25 – 18 | 17 – 11 | 10 – 0 |

Müller/Sichert/Trautner: Rechtschreibung kompetenzorientiert 4 – LB
© Auer Verlag – AAP Lehrerfachverlage GmbH, Augsburg

## Das sollte man über die Laute /f/ und /w/ wissen

Im Deutschen gibt es Buchstaben und Buchstabengruppen, die von der Laut-Buchstaben-Zuordnung abweichen, d. h. es gibt für ein und denselben Laut mehrere Schriftzeichen, so auch bei der Artikulation von /f/ und /w/. Diese entsteht durch die Bildung einer Engstelle im Mundraum, durch welche der Atemluftstrom behindert wird. In der Regel wird bei dem Sprechen von /f/ auch <F>/<f> verschriftet. Beim Sprechen von /w/ wird <W>/<w> geschrieben. Die Schreibungen mit <V> bzw. <v> und <ph> bzw. <ph> für den **Laut /f/** bilden die Ausnahmen und müssen gemerkt werden (**Vogel, Physik**). So ist das auch bei der **Lautung von <w>** und der zugehörigen Verschriftung <V> bzw. <v> (**Vase, oval**). In der Regel handelt es sich hierbei um Fremdwörter. Dabei ergeben sich besonders bei der Stellung von <v> im Wortinneren auch dem Dialekt geschuldete Differenzen, da *November* je nach regionalem Einfluss eher mit /f/ oder mit /w/ gesprochen wird.

Eine gute Hilfe für die Verschriftung vieler Wörter bilden die Vorsilben **ver-** und **vor-**, mit welchen systematisch gearbeitet werden kann (enger Zusammenhang mit dem Grammatikbereich), weil ausnahmslos gilt: Die Vorsilben ver- und vor- werden **immer** mit <v> verschriftet.

In diesem Kapitel wird von der Verschriftung des Lautes /f/ als <F/f> und des Lautes /w/ als <W/w> ausgegangen, um die Regelhaftigkeit nicht aus dem Auge zu verlieren (= Abhörwörter). Darauf aufbauend werden die Merkschreibungen (/f/ als <V/v> und <Ph/ph> sowie /w/ als <V/v>) erweitert bzw. neu erarbeitet (= Merkwörter) sowie die Strategie der Vorsilben <Vor/vor> und <Ver/ver> erneut in Augenschein genommen (= Regelwort). Über diese Zugangsweise erfahren die Schüler den Gesamtkomplex der Lautungen /f/ und /w/ sowie die Regelhaftigkeit und den Nutzen vom Erkennen der Vorsilben <Vor/vor> und <Ver/ver>. Dabei entsteht eine Schnittstelle des Bereiches 'Richtig schreiben' mit dem Grammatikbereich.

## Informationen vorab

Dass Laute und Buchstaben **keine** 1:1-Zuordnung aufweisen, wissen die Kinder bereits durch die im Anfangsunterricht besprochenen Anlautbilder ihrer Anlauttabelle. Der Buchstabe <V> wurde schon durch Wörter wie ‚Vogel' in der 1. Jahrgangsstufe eingeführt und dabei thematisiert, dass /f/ klingt, aber <V> geschrieben wird. Diese Erkenntnis wurde in der 2. Jahrgangsstufe gefestigt und erweitert. Dabei wurde zudem die unterschiedliche Lautung des Konsonanten <V>/<v>, nämlich /f/ (Vogel) oder /w/ (Vase) thematisiert. In der 3. Klasse wurden die Vorsilben *Ver-/ver-* und *Vor-/vor-* herangezogen, um die V/v-Schreibung zu vertiefen und eine rechtschriftliche Regelhaftigkeit in diesem Bereich aufzuzeigen (Bei Vorsilben darf ich das v nicht vergessen.).

Innerhalb dieses Kapitels soll die Möglichkeit der Kompetenzerweiterung gegeben werden, indem die /f/-Lautung um die Verschriftung von <Ph/ph> erweitert wird. Zudem erfahren die Schüler erneut die Vorsilben (Ver-/ver- und Vor-vor) als Sicherheit bezüglich der v-Schreibung, da hier das <v> absolut regelhaft verschriftet wird. Dabei müssen die Vorkenntnisse der Schüler aktiviert werden. Die Vorsilbe in ihrer Definition muss eindeutig zugrunde gelegt sein (was bereits in den vorangegangenen Kapiteln geschehen ist).
Da es sich im Schwerpunkt um Merkwörter handelt, bietet es sich an, diese auf einem Merkplakat im Klassenzimmer zu sammeln. Zudem sollten diese Wörter natürlich auch in der individuellen Lernwörterliste der Kinder eingetragen werden.

Müller/Sichert/Trautner: Rechtschreibung kompetenzorientiert 4 – LB
© Auer Verlag – AAP Lehrerfachverlage GmbH, Augsburg

## Kompetenzstufen

**Automatisiertes, korrektes
Verschriften der Konsonanten
\<F>/\<f> und \<V>/\<v>**

Sicheres Einsetzen von den bereits bekannten Wörtern mit \<F>/\<f>, \<V>/\<v>, \<Ph>/\<ph> sowie \<W>/\<w> und \<V>/\<v> ohne auf Nachschlagetechniken zurückgreifen zu müssen, weil die Wörter dauerhaft gemerkt wurden.

Automatisierung der Verschriftung der Vorsilben *ver-* und *vor-*
*(Nachschlagen ist nur noch bei neuen, unbekannten Wörtern nötig)*

**Wissen: Diese Wörter schreibe ich mit \<V>/\<v>, \<Ph>/\<ph>; ich habe sie mir gemerkt.**

Überhöhung:
Zweifel beim Hören von /f/ und korrekte Verschriftung durch \<Ph>/\<ph>
/füsik/ → **\<Physik>**       ggf. Nachschlagen im Wörterbuch bei Zweifel

| | |
|---|---|
| Zweifel beim Hören von /f/ und korrekte Verschriftung durch \<V>/\<v>/fogl/ → \<Vogel> | Zweifel beim Hören von /w/ und korrekte Verschriftung durch \<V>/\<v> /wase/ → \<Vase> |

Einsatz von Techniken bei Zweifel:
Im Wörterbuch/in der Wörterliste nachschlagen; Merkstrategien aktivieren; auf Wörterliste/Lernplakat mit gesammelten Ausnahmewörtern nachschauen; ...

Kenntnis der Regel: Die Vorsilben *ver-* und *vor-* schreibe ich immer mit \<v>

**Wissen: Ich höre /f/ oder /w/ und schreibe manchmal V/v.
Die Verschriftung von V/v ist die Ausnahme. Diese Wörter muss ich mir merken.**

| | |
|---|---|
| Genaues, gezieltes Abhören eines Wortes und Verschriftung von \<F>/\<f> beim Hören von /f/ /fenster/ → \<Fenster>     /fogel/ → *\<Fogel> (ist auf dieser Stufe noch möglich) | Genaues, gezieltes Abhören eines Wortes und Verschriftung von \<W>/\<w> beim Hören von /w/ /wolke/ → \<Wolke>     /wulkan/ →*\<Wulkan> (ist auf dieser Stufe noch möglich) |

**Kennen der Buchstaben(gruppen) V/v, W/w (Ph/ph)**

**Fundament:**
- Motivation und Volition, Wörter lautgetreu zu schreiben
- Wissen über Anfangs-, Mittel- und Endlaut
- organisch keine Einschränkungen bzgl. der Akustik

## Erläuterungen zum Kompetenzstufentest

**Zu 1.:** *Wörter: Feuer, Wal, verbieten, von, Fernseher, Vorfahrt, viel, Freund, Vase, vorbei, Verbraucher, Vulkan, vielleicht, brav, Fenster, Vater, Vogel, vertragen, vor, fertig, vorsichtig*

Hier wurden bewusst Lernwörter der 2. und 3. Klasse gewählt, um sich als Lehrkraft einen Überblick über die bereits beherrschten Wörter zu verschaffen. Natürlich sind auch weitere Einblicke im Wissensstand des Kindes, z.B. bezüglich der Groß- und Kleinschreibung möglich. Den Schülern kann bereits auffallen, dass es sich um v/f-Wörter handelt.

**Zu 2.:** Diese Aufgabe ist recht offengehalten. Hier können unterschiedlichste Einblicke gewonnen werden. Da es sich bei der V/v-Schreibung um keinen zu entdeckenden Rechtschreibfall mit Tricks handelt, kann lediglich das bereits behandelte Wortmaterial getestet werden. An dieser Stelle schon explizit auf die Vorsilben ver- und vor- im Speziellen einzugehen wäre nicht aussagekräftig. Diese Kenntnis lässt sich als Lehrkraft zudem aus einem Blick in die Schülerhefte (vor allem in eigenen Texten) gewinnen.

Müller/Sichert/Trautner: Rechtschreibung kompetenzorientiert 4 – LB
© Auer Verlag – AAP Lehrerfachverlage GmbH, Augsburg

## Kompetenzstufentest

Name: _____    Datum: _____

**1. Schreibe die diktierten Wörter auf:**

_____

_____

_____

_____

**2. Was fällt dir auf? Kennst du Regeln oder Tricks?**

AHA, _____

_____

_____

_____

## Zum Wortmaterial

| Ich höre /f/ | | | Ich höre /f/ | Ich höre /w/ | |
|---|---|---|---|---|---|
| und schreibe <F/f> | und schreibe <V/v> | und schreibe <Ph/ph> | und erkenne die Vorsilben <Ver/ver> und <Vor/vor> | und schreibe <W/w> | und schreibe <V/v> |
| fort | völlig<br>Pulver | Physik<br>Alphabet | ver:<br>**ver**gesslich<br>**ver**packen<br>**Ver**schmutzung<br>vor:<br>**vor**teilhaft<br>**Vor**silbe | weil | Vokal<br>oval |
| *Abhörwort* | *Merkwort* | *Merkwort* | *Regel-/Trickwort* | *Abhörwort* | *Merkwort* |

Es wurden die Lautungen von /f/ und /w/ in ihrer Gesamtheit aufgegriffen. Den Kindern soll durch diesen Komplex bewusst werden, dass sowohl die Verschriftung von /f/ als <V/v> oder als <Ph/ph>, als auch von /w/ als <V/v> die Merkschreibungen darstellt. Die Wörter mit den Vorsilben <Vor-/vor-> und <Ver-/ver-> können, wenn die Vorsilbe richtig erkannt wird, problemlos verschriftet werden (= Regelwort). Wörter, bei welchen /f/ und /w/ auch als <F/f> und <W/w> geschrieben werden, stellen die Normalschreibungen dar (Abhörwörter).
Eine zusätzliche Schwierigkeit ergibt sich durch die Stellung von <v> und <ph> im Wort.

## Erarbeitungsvorschlag

### Einstieg

- Gesprächsanlass: AHA!-Seite aus dem | AH  39 |
  - Eingehen auf die Fehler der Kinder: Wer findet welches Wort schwer und warum!?
  - Erklären der gefundenen Ordnungen / AHA-Sätze durch die Kinder

  *Innerhalb dieses Lernwörterblocks kann den Kindern bereits der gehäufte Konsonant <V>/<v> auffallen und zu Ordnungen anregen.*
  *Auch alle abweichenden, logischen Ordnungen müssen ihre Würdigung erfahren.*

### Erarbeitung

- Impuls: Lehrer präsentiert seine Ordnung **Abhörwörter/Regel- und Trickwörter/Merkwörter** zunächst unkommentiert
  → kurze Schüleräußerungen

| Abhörwort | Regel-/Trickwort | Merkwort | | |
|---|---|---|---|---|
| **f**ort<br>**w**eil | **ver**gesslich<br>**ver**packen<br>**Ver**schmutzung<br>**vor**teilhaft<br>**Vor**silbe | völlig<br>Pulver | **Physik**<br>Al**ph**abet | Vokal<br>oval |
| **Ich höre /f/ und schreibe <f>.**<br>**Ich höre /w/ und schreibe <w>.** | **Ich höre /f/ und erkenne die Vorsilben <Ver/ver> und <Vor/vor>.** | **Ich höre /f/ und schreibe <v>.** | **Ich höre /f/ und schreibe <Ph/ph>.** | **Ich höre /w/ und schreibe <V/v>.** |

- EA; PA; GA: Tafel wird geschlossen; Schüler erforschen Lehrerordnung (→ Forscherblatt)
- Unterrichtsgespräch: Sammeln der Ergebnisse; gemeinsames Finden von Überschriften zu den einzelnen Spalten (s. Tabelle oben)
- Regel an Tafel visualisieren (Erweiterung zur Regel aus der 3. Klasse)

  *An dieser Stelle sollen die Vorerkenntnisse der Kinder aus der 3. Jahrgangsstufe aktiviert werden.*
  *Impulse können sein:*
  *Warum ist das V/v und Ph/ph so schwierig?*
  *Warum hilft mir die Vorsilbe?*
  *Welche Wörter kennst du noch/schon?...*

### Abschluss

- Erstellen eines Merkplakates
- Sammeln von Wörtern mit den Vorsilben Ver-/ver- und Vor-/vor- auf einem Plakat (Wörterbucharbeit!)

  *Hierauf aufbauend kann (falls noch nicht erfolgt) eine Grammatik-Folgestunde zu den Vorsilben angeschlossen werden, bei welcher die unterschiedlichen Bedeutungen und Bedeutungsverschiebungen durch Vorsilben zum Thema gemacht werden.*

## Weiterarbeit

- Bearbeiten der | AH 40 ff. | im Arbeitsheft
- Kompetenzorientierte Übungen, siehe ⊚
- Arbeit mit dem Lernwörterplan

Müller / Sichert / Trautner: Rechtschreibung kompetenzorientiert 4 – LB
© Auer Verlag – AAP Lehrerfachverlage GmbH, Augsburg

## Material

*Wortkarten für die PA/GA oder Tafel*

| | | | voller | voll |
|---|---|---|---|---|
| vergesslich | vergessen | völlig | Verschmutzung | Schmutz |
| schmutzen | Vokal | vorteilhaft | Vorteil | teilen |
| verpacken | packen | Physik | Pulver | fort |
| oval | weil | Vorsilbe | Silbe | Alphabet |

*Lernwörter für das Lernwörterheft*

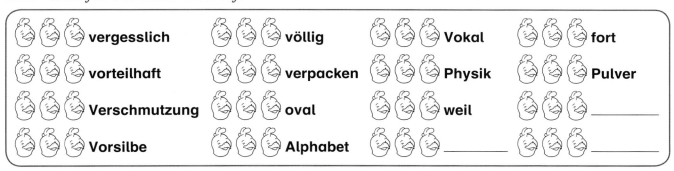

| vergesslich | völlig | Vokal | fort |
|---|---|---|---|
| vorteilhaft | verpacken | Physik | Pulver |
| Verschmutzung | oval | weil | _____ |
| Vorsilbe | Alphabet | _____ | _____ |

*Regelkarte*

**Regel:**

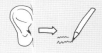 Wörter mit *V/v* und *Ph/ph* muss ich mir merken! Ich höre *F/f* oder *W/w*, schreibe aber manchmal *V/v* oder *Ph/ph*.

Bei **VOR**silben darf ich das „**V/v**" nicht **VER**gessen.

*Arbeitstext/Diktat*

### Henri ist vergesslich

Als er vor den Hausaufgaben sitzt, weiß er nicht mehr, was ein Vokal ist.

Es hat etwas mit dem Alphabet zu tun.

Vielleicht ist sein Bruder Hubert einmal von Vorteil und hilft ihm weiter.

Doch der ist völlig vertieft in seine Physikaufgabe, weil er ja schon in der fünften Klasse ist. Er schickt seinen kleinen Bruder fort.

Brav macht sich Henri an die vergessene Aufgabe vom Vortag zu den Vorsilben.

Bei den Wörtern Verschmutzung, Verbraucher, Vorfahrt, verbieten, verpacken und verlieren kreist er diese oval ein.

Bevor er fertig ist und im Fernseher die Sendung über Vulkane und Pulver ansehen darf, fragt er vorsichtig bei Mama nach und bittet sie um Hilfe.

„Mensch, Henri, das sind doch die Selbstlaute", erklärt sie fürsorglich.

*Forscherblatt*

Name: _____  Datum: _____

## FORSCHERBLATT

1. **Erforsche die Ordnung.**

2. **Finde für die einzelnen Spalten passende Überschriften.**

3. **Finde eine Regel / einen Trick für die einzelnen Spalten.**

|  |  |  |
|---|---|---|
| *fort*<br><br>*weil* | *vergesslich*<br>*verpacken*<br>*Verschmutzung*<br>*vorteilhaft*<br>*Vorsilbe* | *völlig*<br>*Pulver*<br>*Physik*<br>*Alphabet*<br>*Vokal*<br>*oval* |
|  |  |  |

\* Kannst du innerhalb der einzelnen Spalten weitere Unterordnungen finden?
Markiere farbig und erkläre.

## Kompetenzorientierte Übungen

---

Ordne richtig in die Tabelle ein.

frech   brav   **Physik**   voll   **Phase**
**alphabetisch**   Larve   laufen   Frosch

| Ich höre f und schreibe f/F | Ich höre f und schreibe v/V | Ich höre f und schreibe ph/Ph |
|---|---|---|
|  |  |  |

Findest du noch eigene Wörter? Dein Wörterbuch/deine Wörterliste können dir helfen.

---

Ordne richtig in die Tabelle ein.

wenig   nervös   warum   Klavier   Badewanne
Vase   wirklich   oval   Villa

| Ich höre w und schreibe w/W | Ich höre w und schreibe v/V |
|---|---|
|  |  |

Findest du noch eigene Wörter? Dein Wörterbuch/deine Wörterliste können dir helfen.

---

**Bei Vorsilben darf ich das v nicht vergessen.**
Finde selbst Wörter mit diesen Vorsilben.

Vor-: _____

vor-: _____

Ver-: _____

ver-: _____

---

Ordne in die Tabelle ein und finde einen Namen für deine Ordnung.

Verkehr   Ventil   Kurve   Villa   verfahren   Vorfahrt   Vater
vorsichtig   vierspurig   Vespa   Navigation   *Videoüberwachung

|  |  |  |  |
|---|---|---|---|
|  |  |  |  |

Finde eigene Beispiele.
Tipp: Verwende ein Wörterbuch.

| Ich höre f und schreibe v/V | Ich höre f und schreibe ph/Ph | Ich höre f und schreibe f/F | Ich höre w und schreibe w/W | Ich höre w und schreibe v/V |
|---|---|---|---|---|
|  |  |  |  |  |

---

Finde Nomen, Verben und Adjektive zur Wortfamilie, indem du die Vorsilben Vor-/vor- und Ver-/ver- verwendest.

-lauf-: _____

-kauf-: _____

-schreib-: _____

-trag-: _____

-lass-: _____

-lieb-: _____

---

Wörter mit Ph/ph sind Fremdwörter. Kennst du ihre Bedeutung?
Tipp: Schlage in einem Lexikon nach.

Amphitheater: _____

Pharmazie: _____

Alphatier: _____

Amphore: _____

Setze richtig ein: V/v, F/f oder W/w?

AD__ENT   __RANZ   KRA__ALL   __OGEL   KARA__ANE
LA__ENDEL   __OHNUNG   KUR__E   __IRKLICH   SEI__E
NO__EMBER   __ENIG   TAU__E   __ALSCH   *__ALTER

Kontrolliere mit dem Wörterbuch.
Schreibe alle Wörter noch einmal richtig auf und achte auf die Groß- und Kleinschreibung.

_____

---

Setze richtig ein: V/v, F/f oder W/w? Schreibe den Satz noch einmal in richtiger Groß- und Kleinschreibung auf.

DIE KLA__IERSPIELERIN __IEBERT IMMER LANGE AU__ IHREN AU__TRITT HIN
UND IST DA__OR DANN SEHR NER__ÖS.

_____

AUCH AN __OLKIGEN TAGEN SITZE ICH AU__ DER __ERANDA, BEOBACHTE __IEGEN
UND __ÖGEL UND RIECHE DEN DU__T DES __IOLETTEN LA__ENDELS.

_____

WENN DIE O__ALE __ASE DES __ETTERS __OM TISCH __ÄLLT, ZERBRICHT SIE __IEL
SCHNELLER ALS __ATERS __IERECKIGE, ODER?

_____

Müller/Sichert/Trautner: Rechtschreibung kompetenzorientiert 4 – LB
© Auer Verlag – AAP Lehrerfachverlage GmbH, Augsburg

## Das sollte man wissen

Die Mitlautverdopplung (MLV) ist ein durchgängiges rechtschriftliches Phänomen der deutschen Orthografie.

In Hinblick auf den **lautlichen Aspekt** gilt folgende Regel:
***Einem kurzen Vokal folgen zwei Konsonanten. Ist nur ein Konsonant zu hören, wird dieser doppelt verschriftet.***
Ich schreibe also Hi**mm**el (auf kurzen Vokal folgt **ein** Konsonant) und ha**lt**en (auf kurzen Vokal folgen **mehrere** Konsonanten).
Wird die Regel auf den ersten Satz verkürzt, so ist sie nicht mehr eindeutig. Kinder verschriften demnach eventuell Wörter wie *hall**ten oder Ähnliches.

In Hinblick auf die **Silbe** gilt die Regel:
***Der Konsonant am Silbengelenk wird doppelt verschriftet, um für die erste als auch die zweite Silbe einen Buchstaben bereitzustellen.***

Die Silbe wiederum kann man aus zweierlei Sichtweisen nutzen, um daraus die Rechtschreibung zu ermitteln. Grundlegend ist dabei immer die bereits in den vorangehenden Kapiteln erworbene Erkenntnis über die Abhängigkeit zwischen dem Aufbau einer Silbe und deren Vokalqualität.

*Mündlicher Sprachgebrauch:* Steht zwischen einem betonten ungespannten und einem unbetonten Vokal ein einzelner Konsonant, ist dieser Konsonant ***Silbengelenk***. Beim Wort „Sonne" gehört das /n/ also sowohl zur ersten als auch zur zweiten Silbe. Die Silbengrenze liegt dazwischen (*Son-ne*).

*Silbenaufbau:* Da die zweite Silbe regelhaft mit einem Konsonanten beginnt, muss die erste Silbe mit dem entsprechenden enden. Sonst hieße es *So-ne*. Denn je nach Stellung innerhalb der Silbe ändert sich der Klang des Vokals (hier /o/). Steht der Vokal am Ende der Silbe, handelt es sich um eine offene Silbe und der Vokal wird lang gesprochen. Steht der Vokal inmitten der Silbe, handelt es sich um eine geschlossene Silbe, und der Vokal wird kurz gesprochen. So muss hinter das <o> noch ein Konsonant; nämlich das <n>.

Ein besonderer Blick gilt dem Laut /s/. Im Bereich der Mitlautverdopplung ist dieser regelhaft. Je nach Regel/Strategie (Laut oder Silbe) wird regelhaft nach kurzem Vokal der stimmlose s-Laut als <ss> verschriftet: Wa**ss**er; nass (die na**ss**e Wiese); usw. Die Ausnahmen bilden *das, was, des, bis, wes*. Diese kleinen, gängigen Wörter müssen aber nicht extra thematisiert werden, um nicht Verwirrung statt Verstehen zu schaffen. Jedoch wird innerhalb dieses Kapitels der (lautliche und semantische) Unterschied der beiden Wörter *das* und *dass* aufgegriffen. Hier zeigt sich die Schnittstelle zum Grammatikbereich. Hierauf explizit innerhalb der Sachinformationen einzugehen, würde den Rahmen sprengen. Auf den Grundschulbereich lässt sich in Kürze festhalten: **<das>** kann als Artikel oder Pronomen (Demonstrativpronomen oder Relativpronomen) verwendet werden; **<dass>** als Konjunktion. ***<das>*** lässt sich durch <dieses>, <jenes> oder <welches> ersetzen. Wenn dies nicht möglich ist, verwendet man ***<dass>***.

Wörter mit der Endung -nis und wenige weitere Fremdwörter werden in der Einzahl mit einfachem <s> verschriftet: *Zeugnis, Geheimnis, Atlas, Bus (! → nass)*. Dies sollte den Schülern durch die vorangegangenen Kapitel zur Nachsilbe bereits klar sein.

Exkurs <ss>, <s>, <ß>: Probleme bei der s-Schreibung ergeben sich jedoch vor allem in der Unterscheidung von *stimmhaft* verschriftetem <s> (Nase) nach Langvokal und *stimmlos* verschriftetem <ß> (Fuß) nach Langvokal. Da es besonders im süddeutschen Raum schwierig ist, zwischen der Klangqualität zu unterscheiden, wird die Regel über den stimmlosen und stimmhaften s-Laut nur schwer aufgefasst. Somit werden diese Schreibungen wohl für viele Kinder zur Merkschreibung.

Zum Rechtschreibphänomen „Mitlautverdopplung" zählen zudem die Schreibungen mit <tz> und <ck>. Sie sind die grafische Variante zur Verdopplung von <z> und <k>, da es im Deutschen die Schreibungen <zz> und <kk> nicht gibt. Diese Verdopplungen werden im Folgekapitel erneut zum Thema gemacht.

Müller/Sichert/Trautner: Rechtschreibung kompetenzorientiert 4 – LB
© Auer Verlag – AAP Lehrerfachverlage GmbH, Augsburg

# 9. Mitlautverdopplung

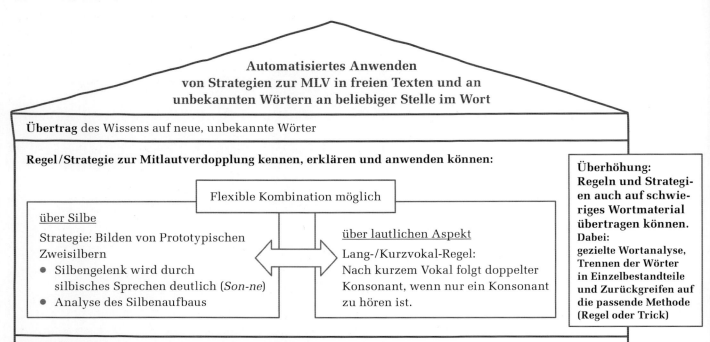

**Automatisiertes Anwenden**
**von Strategien zur MLV in freien Texten und an**
**unbekannten Wörtern an beliebiger Stelle im Wort**

**Übertrag** des Wissens auf neue, unbekannte Wörter

**Regel/Strategie zur Mitlautverdopplung kennen, erklären und anwenden können:**

**Überhöhung:**
**Regeln und Strategien auch auf schwieriges Wortmaterial übertragen können.**
**Dabei:**
**gezielte Wortanalyse, Trennen der Wörter in Einzelbestandteile und Zurückgreifen auf die passende Methode (Regel oder Trick)**

Flexible Kombination möglich

über Silbe
Strategie: Bilden von Prototypischen Zweisilbern
- Silbengelenk wird durch silbisches Sprechen deutlich (*Son-ne*)
- Analyse des Silbenaufbaus

über lautlichen Aspekt
Lang-/Kurzvokal-Regel:
Nach kurzem Vokal folgt doppelter Konsonant, wenn nur ein Konsonant zu hören ist.

**Wissen** um Wörter mit doppeltem Mitlaut (Kenntnis einiger Wörter), aber noch keine Strategie zur Übertragung auf weiteres Wortmaterial

**Fundament:**
- Motivation und Volition, Wörter orthografisch korrekt zu verschriften (weg von lauttreuen Schreibungen)
- Sichere, lauttreue Verschriftung von Wörtern

- Fähigkeit, Wörter in Sprechsilben trennen zu können
- Wissen über Aufbau der Silbe

- Lautliche Unterscheidungsfähigkeit: Kurz-/Langvokal

Dieser Kompetenzenstall bezieht sich auf das allgemeine Phänomen der Mitlautverdopplung im Laufe der gesamten Grundschulzeit. So werden die Schüler bereits in den Jahrgangsstufen 1 und 2 mit der Mitlautverdopplung konfrontiert, um einen kontinuierlichen Kompetenzaufbau zu sichern. Sie lernen das Phänomen der MLV zunächst in Hinblick auf den einfachen Fall der Konsonantenverdopplung kennen und nutzen bereits bekannte Strategien zur Erklärung der korrekten Schreibweise. In der 3. Klasse wurden die Erkenntnisse des Vorjahres gefestigt und in zeitlichem Abstand in weiteren Einheiten in Hinblick auf die Fälle <tz> und <ck> erweitert. Zudem wurde die s-Schreibung eigens zum Thema gemacht.

Innerhalb dieses Kapitels soll es das Ziel sein, die Kompetenzen dahingehend zu erweitern, die bereits bekannten Regeln und Tricks auf neues, schwierigeres Wortmaterial zu übertragen und auf passende Methoden zur Erklärung der richtigen Schreibung zurückzugreifen. Das Phänomen <das>/<dass> wird zudem in den Blick genommen.

Müller/Sichert/Trautner: Rechtschreibung kompetenzorientiert 4 – LB
© Auer Verlag – AAP Lehrerfachverlage GmbH, Augsburg

## Kompetenzstufentest

Name: _____  Datum: _____

**1. Schreibe die diktierten Wörter auf:**

_____

_____

_____

_____

**2. Markiere, ob der Vokal (Selbstlaut) kurz (.) oder lang (–) ist.**

soll    Rest    Trikot    ab    Pfiff    Wal    Tanz    Gift    er trennt

Ton    Gefängnis    Wanze    Reserve

**Bilde, wenn möglich, aus diesen Wörtern Zweisilber und schreibe sie in Silben getrennt auf.**

_____

_____

_____

## Erläuterungen zum Kompetenzstufentest

**Zu 1.:** *brommen, pluren, tafen, safftogen, staff, somen, mummen, tissen, tefen, sommprost, hester, pefflinge*

Da der Lehrer nicht wissen kann, in wie weit ein Kind bereits ein Wort gemerkt hat, ist es hier sinnvoll, mit Kunstwörtern zu arbeiten.

So kann man sehen, ob der Schüler bereits Strategien nutzt um sich die Schreibung zu erschließen (und nicht einfach nur, ob der Schüler das Wort kennt). Der Lehrer erkennt genau, ob das Kind bereits intuitiv einen richtigen Zugang zur MLV findet.

*Wichtiger Hinweis:*
*Der Lehrer sollte zu Beginn des Diktats den Hinweis geben, gedanklich in Silben mitzusprechen. Die Wörter werden deutlich beim Diktieren artikuliert, aber bitte nicht übertrieben gesprochen.*

**Zu 2.:** Aufgabe 2 dient dazu zu überprüfen, inwieweit die Kinder das lautliche und silbische Prinzip beherrschen.

Dieser Kompetenztest findet sich ähnlich im Lehrerband der 2. und 3. Jahrgangsstufe, um in die Mitlautverdopplung einzusteigen.

Bei Nr. 2 wurden Wörter gewählt, bei welchen der Kurzvokal nicht unmittelbar über den folgenden Doppellaut ersichtlich ist. So zeigt sich gezielt, ob ein Kind sicher zwischen kurzem und langem Vokal unterscheiden kann.

Sinnvoll ist es, die Tests der Vorjahre mit dem hier durchgeführten zu vergleichen und bezüglich folgender Aspekte zu hinterfragen: Haben sich in den Zugangsweisen Veränderungen ergeben?

Hat sich das Kind hinsichtlich seiner Rechtschreibleistung bei der Mitlautverdopplung verbessert?

Müller / Sichert / Trautner: Rechtschreibung kompetenzorientiert 4 – LB
© Auer Verlag – AAP Lehrerfachverlage GmbH, Augsburg

# 9. Mitlautverdopplung

## Informationen vorab

Wie in den Sachinformationen ausführlich beschrieben, kann die MLV also einerseits über das lautliche Prinzip als auch über das silbische Prinzip erschlossen werden.

Wenn über Kurz- und Langvokal erklärt wird, muss ganz sicher zwischen den beiden Lauten unterschieden werden können (vgl. Kompetenztest Nr. 2). Kinder in der Ausprobierphase übertreiben hier erfahrungsgemäß, was zu Übergeneralisierungen führen kann. Eine hilfreiche Methode kann es sein, ein Wort einmal mit langem, einmal mit kurzem Vokal zu sprechen, um den Unterschied zu hören. Unterstützende Gesten (Klatschen = Kurzvokal; Arme langsam ausbreiten = Langvokal) machen dies noch deutlicher. Zudem unterstützen Punkt und Strich als Zeichensysteme unter Kurz- und Langvokal diese visuell.

Der Vorteil, über die Silbe zu gehen, liegt darin, dass Kinder hier oft intuitiv die richtige Schreibweise ermitteln. Schüler mit Migrationshintergrund haben dadurch auch oft die einzige Zugangsweise zum Doppelmitlaut, weil sie kurzen und langen Vokal nicht hören. Da die Kinder seit Schuljahresbeginn gewohnt sind, Prototypische Zweisilber zu bilden, führt dieser Weg immer sicher zur richtigen Schreibung, auch wenn sie aufwändiger als das reine „Abhören" ist. Wichtig ist dabei immer, nicht nur das momentane Problemwort im Fokus zu haben und zu Wippen / Schwingen / Gehen, weil so Zweifel nicht vollständig ausgeräumt werden können (But-ter, aber auch fälschlicherweise Bu-ter, wenn nicht auf die Zungenstellung geachtet wird.) Eine wirkungsvolle Methode stellt das Wippen / Schwingen / Gehen mehrerer Zweisilber in Folge dar (wip-pen, schwin-gen, ge-hen, But-ter), damit die Kinder in den natürlichen Wipp-, Schwing- oder Gehrhythmus kommen. Hört ein Kind weder Kurz- noch Langvokal und kommt auch durch Wippen / Schwingen / Gehen nicht zur korrekten Schreibweise, so bleibt nur noch der Weg, sich die Doppellautung über den Silbenaufbau zu erschließen. Hier spielt erstmals, wie bereits erwähnt, die orthographisch korrekte Silbentrennung (Schreibsilbe) eine entscheidende Rolle.

Die Schwierigkeit innerhalb dieses Kapitels (welches zu einer Kompetenzerweiterung führen soll) besteht nun darin, dass nicht bei allen gewählten Wörtern alle Zugangsweisen greifen. So _muss_ bei den „kleinen" Wörtern **das, dass, wann, denn** über den lautlichen Aspekt gegangen werden, da keine zweisilbige Form gebildet werden kann. Ist eine lautliche Unterscheidung nicht möglich, so müssen diese Wörter gemerkt werden.

## Zum Wortmaterial

| ll | ss | mm | nn | rr | ff | tt |
|---|---|---|---|---|---|---|
| Müll-verbrennung → (ver-)müllen<br><br>Abfall → fal-len | er isst → es-sen<br><br>Interesse → In-te-res-se<br><br><br>das<br>dass → keine zweisilbige Form möglich! | zusammen → zu-sam-men<br><br>schlimm → schlim-mer | Müll-verbrennung → (ver-) brennen<br><br><br><br>wann<br>denn → keine zweisilbige Form möglich! | Herr → Her-ren<br><br>Schnurrbart → schnur-ren | hoffentlich → hof-fen | Schutt → schüt-ten<br><br><br><br>Gifttank<br>**kein doppelter Mitlaut, sondern Zusammensetzung Gift + Tank** |

Die hier ausgewählten Wörter treten in einsilbiger **oder** mehrsilbiger Form auf. Die Schwierigkeit besteht einerseits in den Zusammensetzungen (Müllverbrennung, Schnurrbart), die zunächst in Einzelbestandteile zerlegt werden müssen, um die richtige Schreibung über den Zweisilber herzuleiten. Andererseits wurden Lernwörter gewählt, bei welchen die abgewandelte zweisilbige Form nicht immer offensichtlich ist (er isst → essen / Schutt → schütten). Werden diese Besonderheiten jedoch erkannt, so ist der doppelte Mitlaut durch bereits bekannte Strategien zu erklären.

Bei dem Wortpaar **das – dass** _muss_ auf den lautlichen Aspekt zurückgegriffen werden.

Müller / Sichert / Trautner: Rechtschreibung kompetenzorientiert 4 – LB
© Auer Verlag – AAP Lehrerfachverlage GmbH, Augsburg

Dieser ist allerdings nur dann von Nutzen, wenn den Kindern das Wort diktiert (also gehört) wird. Wenn in eigenen Texten <das> oder <dass> verschriftet werden soll, ist dies nur möglich, wenn der Schüler über das nötige grammatikalische Hintergrundwissen verfügt. Dazu empfiehlt es sich, eine gesonderte Grammatikstunde zu diesem Thema an die Lernwörterstunde anzuschließen.

*Gifttank* stellt die Ausnahme dar, da es sich um keinen Doppelmitlaut, sondern um ein aus Wortbildungsprozessen entstandenes Aufeinandertreffen der beiden Konsonanten <t> handelt (Gift + Tank → Gifttank).

## Erarbeitungsvorschlag

### Einstieg

- Gesprächsanlass: AHA-Seite aus dem Arbeitsheft | AH | 43 |
  - Eingehen auf die Fehler der Kinder: Wer findet welches Wort schwer und warum!?
  - Erklären der gefundenen Ordnungen / AHA-Sätze durch die Kinder

    *Das Rechtschreibphänomen sticht bestimmt vielen Kindern ins Auge. Dennoch sollen alle anderen logischen Ordnungen gewürdigt werden.*

### Erarbeitung

- Impuls: Lehrer präsentiert seine Ordnung zum doppelten Mitlaut zunächst unkommentiert

| Doppelter Mitlaut | | Kein doppelter Mitlaut |
|---|---|---|
| **über Regel und Trick zu ermitteln** | **Nur über Regel Kurz-/Langvokal zu ermitteln** | |
| Müllverbrennung<br>→ (ver-)mül-len / (ver-)bren-nen | dass | Gifttank<br>→ Gift + Tank |
| Abfall<br>→ fal-len | wann | |
| er isst<br>→ es-sen | denn | das<br>→ Langvokal<br>→ gramm. Bedeutung |
| Interesse<br>→ In-te-res-se | | |
| zusammen<br>→ zu-sam-men | | |
| schlimm<br>→ schlim-mer | | |
| Herr<br>→ Her-ren | | |
| Schnurrbart<br>→ schnur-ren | | |
| hoffentlich<br>→ hof-fen | | |
| Schutt<br>→ schüt-ten | | |

- Kurze Schüleräußerungen → erste Ideen zu der Ordnung
- EA; PA; GA: Tafel wird geschlossen; Schüler erforschen Lehrerordnung (→ Forscherblatt, S. 78)

# 9. Mitlautverdopplung

- Unterrichtsgespräch: Sammeln der Ergebnisse; gemeinsames Finden von Überschriften zu den einzelnen Spalten (s. Tabelle oben)
- Regel an Tafel visualisieren (Erweiterung zur Regel aus der 3. Klasse)

> *An dieser Stelle sollen die Vorerkenntnisse der Kinder aus der 3. Jahrgangsstufe aktiviert werden.*
> *Impulse können sein:*
> *Warum sind manche Wörter schwierig?*
> *Wie musste ich die Wörter verändern, um die Schreibung zu erklären?*
> *Warum bilden ,Gifttank' und ,das' die Ausnahme?...*
>
> *Da manche Kinder über das lautliche Prinzip gehen, ist es nötig, die Unterscheidung zwischen Kurz- und Langvokal bei allen Wörtern anzusprechen (→ Regel).*
> *Hierbei muss herausgearbeitet werden, dass bei* **wann, dann, dass, das** *lediglich diese Möglichkeit besteht, um sich die Schreibung zu erklären.*
>
> *Aber auch der Weg über die Silbe soll noch einmal gezielt verdeutlicht werden (→ Strategien).*
> *Nun liegt die Diskussion in Lehrerhänden. Es können Wörter, bei denen der doppelte Mitlaut „einfach" erkannt werden kann, besprochen werden. Dann können die schwierigeren Worte herangezogen werden.*

- Gesondertes Eingehen auf das Wortpaar **das – dass** (siehe dazu eigene Grammatikstunde)

## Sicherung

- EA (PA;GA): Suchen in den bereits bekannten Lernwörtern nach Wörtern mit doppeltem Mitlaut und Finden von Beweisen

## Weiterarbeit

- Bearbeiten der [AH 44 ff.] im Arbeitsheft
- Kompetenzorientierte Übungen, siehe
- Arbeit mit dem Lernwörterplan

## Erarbeitungsvorschlag zur Grammatikstunde: <das> oder <dass>?

*Das folgende Arbeitsblatt dient als Grundlage zur Erarbeitung folgender Regel:*

> **Regel:**
>
> **Handelt es sich um einen Artikel (Begleiter) oder kann ich statt des Wörtchens <das>** auch *jenes* oder *welches* **verwenden, schreibe ich <das>.**
>
> **Wenn nicht, schreibe ich <dass>.**

Müller / Sichert / Trautner: Rechtschreibung kompetenzorientiert 4 – LB
© Auer Verlag – AAP Lehrerfachverlage GmbH, Augsburg

Name: _____   Datum: _____

---

**Das oder dass?!**

**Das Kind lernt heute in der Schule den Unterschied zwischen das und dass.**

**Es weiß, dass es dabei gut aufpassen muss. Nur das ist wichtig.**

**Dass das andere Kinder nicht tun, ist ihm rätselhaft.**

**Das ist nämlich gar nicht so schwierig.**

**Es gibt ein Vorgehen, das man sich merken muss.**

**Wenn man das weiß, hat man kein Problem mehr mit das und dass.**

---

1. Unterstreiche *das* in Grün und *dass* in Orange.

2. Lies den Text deinem Partner so vor, dass man den Unterschied zwischen *das* und *dass* genau hört. Wie hast du das gemacht?

_____

_____

_____

3. Ersetze alle *das* und *dass* durch das Wort *dies/dieser/dieses* oder *jene/jener/jenes* oder *welche/welcher/welches*. Was fällt dir auf?

_____

_____

## Material

*Wortkarten für die PA/GA oder Tafel*

| Müll-verbrennung | Müll | vermüllen | Verbrennung | brennen |
|---|---|---|---|---|
| er isst | essen | zusammen | immer | Herr |
| Herren | hoffentlich | hoffen | Schutt | schütten |
| Abfall | fallen | Interesse | das | schlimm |
| schlimmer | wann | Schnurrbart | schnurren | Bart |
| Gifttank | Gift | Tank | dass | denn |

*Lernwörter für das Lernwörterheft*

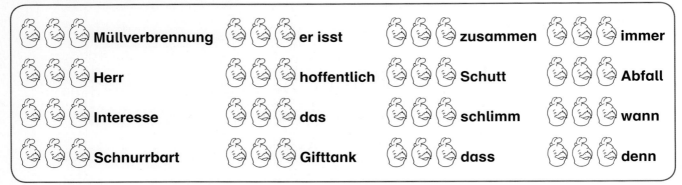

| | | | |
|---|---|---|---|
| Müllverbrennung | er isst | zusammen | immer |
| Herr | hoffentlich | Schutt | Abfall |
| Interesse | das | schlimm | wann |
| Schnurrbart | Gifttank | dass | denn |

*Regelkarte*

**Regel:**
**Nach den kurzen Selbstlauten a, e, i, o, u kommt oft ein doppelter Mitlaut dazu!**

**Trick:**

Achtung: *das* oder *dass*?

*Forscherblatt*

Name: _____  Datum: _____

## FORSCHERBLATT

1. **Erforsche die Ordnung.**
2. **Finde für die einzelnen Spalten passende Überschriften.**
3. **Finde eine Regel/einen Trick für die einzelnen Spalten.**

| | | |
|---|---|---|
| Müllverbrennung<br>Abfall<br>er isst<br>Interesse<br>zusammen<br>schlimm<br>Herr<br>Schnurrbart<br>hoffentlich<br>Schutt<br>immer | dass<br>wann<br>denn | Gifttank<br>das |
| | | |

\* Kannst du innerhalb der einzelnen Spalten weitere Unterordnungen finden?
  Markiere farbig und erkläre.

Müller/Sichert/Trautner: Rechtschreibung kompetenzorientiert 4 – LB
© Auer Verlag – AAP Lehrerfachverlage GmbH, Augsburg

*Arbeitstext / Diktat*

## Die Natur ist in Gefahr

**Familie Hahn versammelt sich an der Nordmanntanne vor dem Stall, um einen Ausflug zum Wasserfall zu unternehmen.**

**Ein Glück, dass sie heute zusammen schwimmen gehen.**

**Hoffentlich beginnt es nicht zu regnen.**

**Das wäre dumm.**

**„Wenn nicht jetzt, wann dann!", denkt sich Henri und rennt voran.**

**An der Müllverbrennungsanlage beginnt es, im Fluss zu stinken.**

**Igitt!**

**Huberts Interesse steigt und er entscheidet sich dafür, dass er der Sache besser nachgehen sollte.**

**Das lässt sich Henri nicht zweimal sagen.**

**Papa Hans isst in der Zeit seine Semmel.**

**Die beiden Brüder verstecken sich hinter dem Schuttberg.**

**Sie entdecken Herrn Hammel mit seinem ekeligen Schnurrbart, als der einen Gifttank in den Keller der Anlage donnert.**

**Dieser Abfall ist Sondermüll, denn er beinhaltet giftige Stoffe.**

**Die Hähne sind völlig entsetzt.**

**Ein Skandal!**

**Das ist ein Fall für die Polizei!**

## Kompetenzorientierte Übungen

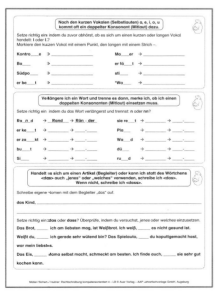

**Nach den kurzen Vokalen (Selbstlauten) a, e, i, o, u kommt oft ein doppelter Konsonant (Mitlaut) dazu.**

Setze richtig ein indem du zuvor abhörst, ob es sich um einen kurzen oder langen Vokal handelt: l oder ll?
Markiere den kurzen Vokal mit einem Punkt, den langen mit einem Strich –.

Kontro__e → _____   Ma__er → _____

Ba__ → _____   er fä__t → _____

Südpo__ → _____   sti__ → _____

er be__t → _____   *Wa__ → _____

**Verlängere ich ein Wort und trenne es dann, merke ich, ob ich zwei doppelten Konsonanten (Mitlaut) einsetzen muss.**

Setze richtig ein indem du das Wort verlängerst und trennst: n oder nn?

Ra__d → Rand → Rän·der   sie re__t → _____ → _____

er ke__t → _____ → _____   Pla__ → _____ → _____

er za__kt → _____ → _____   Wa__d → _____ → _____

bu__t → _____ → _____   dü__ → _____ → _____

Si__ → _____ → _____   ru__d → _____ → _____

**Handelt es sich um einen Artikel (Begleiter) oder kann ich statt des Wörtchens „das" auch „jenes" oder „welches" verwenden, schreibe ich <das>. Wenn nicht, schreibe ich <dass>.**

Schreibe eigene Nomen mit dem Begleiter „das" auf.

das Kind, _____

Setze richtig ein: das oder dass? Überprüfe, indem du versuchst, jenes oder welches einzusetzen.

Das Brot, _____ ich am liebsten mag, ist Weißbrot. Ich weiß, _____ es nicht gesund ist.

Weißt du, _____ ich gerade sehr wütend bin? Das Spielauto, _____ du kaputtgemacht hast, war mein liebstes.

Das Eis, _____ Mama selbst macht, schmeckt am besten. Ich finde auch, _____ sie sehr gut kochen kann.

---

Wörter mit doppeltem Mitlaut. Welche Regeln und Tricks kennst du? Erkläre mit einem Beispiel.

1. _____

Beispiel: _____

2. _____

Beispiel: _____

3. _____

Beispiel: _____

Setze richtig ein: m oder mm?

La__a   Hu__el   Ka____   Ka__el   La____

er ko__t   Sti__e   du____

Setze richtig ein: s oder ss?

Na__e   Nu____   na____   Va__e   Ro____

er blä__t   sie ha__t   Gra____   *Ro__e

Welche Regel / welcher Trick hat dir geholfen? Erkläre genau mit einem Beispiel.

Denke an die Regel und setze richtig ein: das oder dass?

Ich weiß, _____ man in der Schule nicht abschreiben soll. Aber _____ Mädchen, _____ neben mir sitzt, hält sich nicht an diese Regel.

Manchmal glaube ich, _____ ich die Hausaufgaben nicht schaffe. _____ Arbeitsheft, ich gekauft habe, hat einfach zu viele Seiten.

_____ Hotel, _____ meine Eltern 'ür den Skiurlaub gebucht haben, ist sehr gemütlich. Ich hoffe, _____ es auch schneit, wenn wir dort ankommen.

Ich wünsche mir, _____ mir _____ Christkind an Weihnachten _____ neue Buch vom magischen Baumhaus bringt. _____ gerade alle in meiner Klasse lesen.

---

**Zeitformen**

Doppelter oder einfacher Konsonant? Kannst du erklären, warum?

ko____en: ich ko____e, ich ka____, ich bin geko____en

Grund: _____

neh____en: ich neh____e, ich nah____, ich habe geno____en

Grund: _____

fa____en: ich fa____e, ich fie____, ich bin gefa____en

Grund: _____

tre____en: ich tre____e, ich tra____, ich habe getro____en

Grund: _____

Was hier los ist? Erläre Besonderheiten und Unterschiede.

Schifffahrt: _____

offen / Ofen: _____

Betten / beten: _____

ich komme / ich kam: _____

Stuhllehne: _____

Welches Wort ist falsch? Streiche es durch, schreibe es richtig dazu und begründe, warum du es anders schreiben musst.

ich fiel, er traff, sie kam, es nahm   _____

Grund: _____

Lamm, Lammütze, Lammfell, Babylamm   _____

Grund: _____

schaffen, er schafft, Herrschafft, schaffbar   _____

Grund: _____

oft, Ofen, ofen, öfter   _____

Grund: _____

# 10. ck- und tz-Schreibung

Zunächst sind die im vorangehenden Kapitel beschriebenen Sachinformationen über die Mitlautverdopplung (MLV) grundgelegt. Hierbei wurde bereits auf die beiden Schreibungen ck und tz als Sonderfall der MLV verwiesen.

## Das sollte man wissen

Innerhalb des Prinzips der Mitlautverdopplung weisen die Verdopplungen der Konsonanten <z> und <k> folgende Besonderheit auf: Diese werden als <tz> und <ck> verschriftet, da die grafischen Dopplungen <zz> und <kk> im Deutschen nicht existieren. Im Rahmen der tz- sowie ck-Schreibung kann analog zur Mitlautverdopplung (Beispiel: *Son-ne*) begründet werden:

Bei dem Wort *Katze* gehört das /ts/ sowohl zur ersten als auch zur zweiten Silbe. Die Silbengrenze liegt dazwischen (*/Kaz-ze/* → *Kat-ze*). Auch der Silbenaufbau ist logisch nachzuvollziehen: Durch die geschlossene Silbe handelt es sich beim <a> um einen Kurzvokal. Nach Kurzvokal wird immer regelhaft <tz> verschriftet. An Wörtern wie *Ker-ze*, *Wan-ze* oder *hei-zen* zeigt sich: Einem Konsonanten folgt *nie* <tz>. Ebenfalls wird nach <au>, <eu> und <ei> *kein* <tz> verschriftet. Eine Ausnahmeregelung bildet die <zz>-Schreibung bei Fremdwörtern (z.B. *Skizze*). Ebenso verhält es sich beim <ck>:

Bei dem Wort *Schnecke* gehört das /k/ sowohl zur ersten als auch zur zweiten Silbe. Die Silbengrenze liegt dazwischen (*/Schnek-ke/* → *Schnecke*). In der neuen Rechtschreibreform wurde die Trennung von <ck> geändert, da sie an die Trennung von <ch> angeglichen wurde: So wird nun – widersprüchlich dem silbischen Prinzip – <*Schne-cke*> getrennt. Auch der Silbenaufbau ist logisch nachzuvollziehen: Durch die geschlossene Silbe handelt es sich beim <e> um einen Kurzvokal. Nach Kurzvokal wird immer regelhaft <ck> verschriftet. An Wörtern wie *Bänke*, *winken*, *Pauke* zeigt sich: Einem Konsonanten folgt *nie* <ck>. Ebenfalls wird nach <au>, <eu> und <ei> *kein* <ck> verschriftet.

Eine Ausnahmeregelung bildet die <kk>-Schreibung bei Fremdwörtern (z.B. *Akkord*).

## Kompetenzstufen

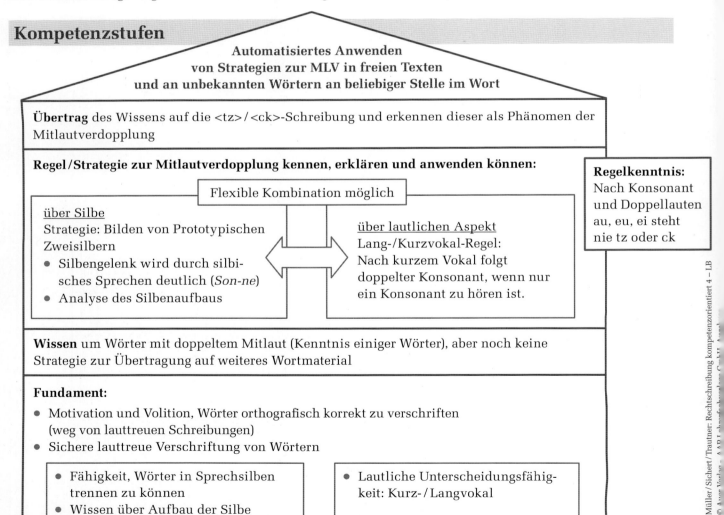

Automatisiertes Anwenden
von Strategien zur MLV in freien Texten
und an unbekannten Wörtern an beliebiger Stelle im Wort

**Übertrag** des Wissens auf die <tz>/<ck>-Schreibung und erkennen dieser als Phänomen der Mitlautverdopplung

**Regel/Strategie zur Mitlautverdopplung kennen, erklären und anwenden können:**

Flexible Kombination möglich

über Silbe
Strategie: Bilden von Prototypischen Zweisilbern
- Silbengelenk wird durch silbisches Sprechen deutlich (*Son-ne*)
- Analyse des Silbenaufbaus

über lautlichen Aspekt
Lang-/Kurzvokal-Regel:
Nach kurzem Vokal folgt doppelter Konsonant, wenn nur ein Konsonant zu hören ist.

**Regelkenntnis:**
Nach Konsonant und Doppellauten au, eu, ei steht nie tz oder ck

**Wissen** um Wörter mit doppeltem Mitlaut (Kenntnis einiger Wörter), aber noch keine Strategie zur Übertragung auf weiteres Wortmaterial

**Fundament:**
- Motivation und Volition, Wörter orthografisch korrekt zu verschriften (weg von lauttreuen Schreibungen)
- Sichere lauttreue Verschriftung von Wörtern

- Fähigkeit, Wörter in Sprechsilben trennen zu können
- Wissen über Aufbau der Silbe

- Lautliche Unterscheidungsfähigkeit: Kurz-/Langvokal

Müller/Sichert/Trautner: Rechtschreibung kompetenzorientiert 4 – LB
© Auer Verlag – AAP Lehrerfachverlage GmbH, Augsburg

Dieser Kompetenzenstall bezieht sich auf das allgemeine Phänomen der Mitlautverdopplung im Laufe der gesamten Grundschulzeit. So werden die Schüler ab Jahrgangsstufe 1/2 mit der Mitlautverdopplung konfrontiert, um einen kontinuierlichen Kompetenzaufbau zu sichern. Sie lernen das Phänomen der MLV zunächst in Hinblick auf den einfachen Fall der Konsonantenverdopplung kennen und nutzen bereits bekannte Strategien zur Erklärung der korrekten Schreibweise. In der 3. Klasse wurden die Erkenntnisse des Vorjahres gefestigt und in zeitlichem Abstand in weiteren Einheiten in Hinblick auf die Fälle <tz> und <ck> erweitert. Zudem wurde die s-Schreibung eigens zum Thema gemacht.

Folgend wurden die Kompetenzen innerhalb der 4. Klasse in Bezug auf die „klassische" Mitlautverdopplung dahingehend erweitert, die bereits bekannten Regeln und Tricks auf neues, schwierigeres Wortmaterial zu übertragen und auf passende Methoden zur Erklärung der richtigen Schreibung zurückzugreifen. Nun soll im direkten Anschluss daran der Übertrag auf die ck-/tz-Schreibung erfolgen. Hierbei wird schwerpunktmäßig auf eine Festigung des bereits vorhandenen Wissens (Regeln/Tricks) wertgelegt. Eine Höherführung besteht darin, die Analogie der beiden Rechtschreibfälle ck und tz in den Fokus zu rücken.

## Kompetenzstufentest

Name: _____  Datum: _____

**1. Schreibe die diktierten Wörter auf:**

_____

_____

_____

_____

**2. Wann schreibst du *k* und wann *ck*? Wann schreibst du *z* und wann *tz*? Erkläre.**

_____

_____

_____

_____

**3. Lies dir noch einmal die Wörter vom Diktat durch und verbessere gegebenenfalls mit grünem Stift.**

## Erläuterungen zum Kompetenzstufentest

**Zu 1.:** Der Lehrer diktiert folgende Wörter:
*Katze, Harz, Balken, lecker, März, Arzt, er meckern, zuletzt, Herzschmerz, Rock, sie kratzt, sie scherzt, necken, Reck, er merkt*
Hier kann der Lehrer Einblicke erhalten, inwieweit bereits ein Verständnis über die z/tz- bzw. k/ck-Schreibung vorhanden ist.

**Zu 2.:** Nr. 2 zeigt zudem, inwiefern die Regeln über die tz/ck-Schreibung bereits formuliert werden können.

**Zu 3.:** Nr. 3 zeigt, ob ein Kind, nachdem es sich die Regeln und Tricks bewusst ins Gedächtnis gerufen hat, fähig ist, ggf. eigene Fehler zu finden und zu verbessern.

# 10. ck- und tz-Schreibung

## Informationen vorab

Wie in den Sachinformationen ausführlich beschrieben, kann die MLV also einerseits über das lautliche Prinzip als auch über das silbische Prinzip erschlossen werden.

Wenn über Kurz- und Langvokal begründet wird, muss ganz sicher zwischen den beiden Lauten unterschieden werden können. Kinder in der Ausprobierphase übertreiben hier erfahrungsgemäß, was zu Übergeneralisierungen führen kann. Eine hilfreiche Methode kann es sein, ein Wort einmal mit langem, einmal mit kurzem Vokal zu sprechen, um den Unterschied zu hören. Unterstützende Gesten (Klatschen = Kurzvokal; Arme langsam ausbreiten = Langvokal) machen dies noch deutlicher. Zudem unterstützen Punkt und Strich als Zeichensysteme unter Kurz- und Langvokal diese visuell.

Der Vorteil, über die Silbe zu gehen, liegt darin, dass Kinder hier oft intuitiv die richtige Schreibweise ermitteln. Schüler mit Migrationshintergrund haben dadurch auch oft die einzige Zugangsweise zum Doppelmitlaut, weil sie kurzen und langen Vokal nicht hören. Da die Kinder seit Schuljahresbeginn gewöhnt sind, Prototypische Zweisilber zu bilden, führt dieser Weg immer sicher zur richtigen Schreibung, auch wenn sie aufwändiger als das reine Abhören ist. Wichtig ist dabei immer, nicht nur das momentane Problemwort im Fokus zu haben und zu Wippen/Schwingen/Gehen, weil so Zweifel nicht vollständig ausgeräumt werden können (*Kat-ze*, aber auch fälschlicherweise *Ka-ze*, wenn nicht auf die Zungenstellung geachtet wird.). Eine wirkungsvolle Methode stellt das Wippen/Schwingen/Gehen mehrerer Zweisilber in Folge dar (*wip-pen, schwin-gen, ge-hen, \*Kat-ze*), damit die Kinder in den natürlichen Wipp-, Schwing- oder Gehrhythmus kommen.

## Zum Wortmaterial

| ck | tz | MLV | k | z |
|---|---|---|---|---|
| Schluck<br>→ Schlucke/schlucken | Schnitzel<br>→ Schnitzel | Pommes<br>→ Pommes | heikel<br>→ heikel | Salz<br>→ Salze/salzen |
| er schleckt<br>→ schlecken | er sitzt<br>→ sitzen | pfeffrig<br>→ Pfeffer | welk<br>→ welken | würzig<br>→ würzig/würzen |
| Besteck<br>→ stecken | er schmatzt<br>→ schmatzen | | | |
| Speckknödel<br>→ Speck + Knödel<br>→ speckig | Platzteller<br>→ Platz + Teller<br>→ Plätze/platzen<br>→ Teller | | | |

Die hier ausgewählten Wörter treten in einsilbiger **oder** mehrsilbiger Form auf. Die Schwierigkeit besteht in den Zusammensetzungen (Speckknödel, Platzteller), die zunächst in Einzelbestandteile zerlegt werden müssen, um die richtige Schreibung über den Zweisilber herzuleiten. Werden diese Besonderheiten jedoch erkannt, so ist der doppelte Mitlaut (bzw. ck/tz) in allen Lernwörtern durch bereits bekannte Strategien zu erklären.

## Erarbeitungsvorschlag

### Einstieg

- Gesprächsanlass: AHA!-Seite aus dem [AH 47]
  - Eingehen auf die Fehler der Kinder: Wer findet welches Wort schwer und warum?
  - Erklären der gefundenen Ordnungen/AHA-Sätze durch die Kinder

  *Das Rechtschreibphänomen sticht bestimmt vielen Kindern ins Auge. Dennoch sollen alle anderen logischen Ordnungen gewürdigt werden.*

Müller/Sichert/Trautner: Rechtschreibung kompetenzorientiert 4 – LB
© Auer Verlag – AAP Lehrerfachverlage GmbH, Augsburg

## Erarbeitung

- Impuls: Lehrer präsentiert seine Ordnung zunächst unkommentiert.

| ck | tz | MLV | k | z |
|---|---|---|---|---|
| Schluck | Schnitzel | Pommes | heikel | Salz |
| er schleckt | er sitzt | pfeffrig | welk | würzig |
| Besteck | er schmatzt | | | |
| Speckknödel | Platzteller | | | |

- Kurze Schüleräußerungen → erste Ideen zu der Ordnung: Vorwissen
- EA; PA; GA: Tafel wird geschlossen; Schüler erforschen Lehrerordnung (→ Forscherblatt)
- Unterrichtsgespräch: Sammeln der Ergebnisse; gemeinsames Finden von Überschriften zu den einzelnen Spalten (s. Tabelle oben)
- Regel / Tricks an Tafel visualisieren (Erweiterung zur Regel der MLV auf die tz-/ck-Schreibung)

> *Da manche Kinder über das lautliche Prinzip gehen, ist es nötig, die Unterscheidung zwischen Kurz- und Langvokal bei allen Wörtern anzusprechen (→ Regel).*
> *Aber auch der Weg über die Silbe soll noch einmal gezielt verdeutlicht werden (→ Strategien).*
> *Nun liegt die Diskussion in Lehrerhänden. Es können Wörter, bei denen der doppelte Mitlaut „einfach" erkannt werden kann, besprochen werden. Dann können die schwierigeren Worte (Platzteller → Zusammensetzung) herangezogen werden.*

## Sicherung

- EA (PA; GA): Suchen in den bereits bekannten Lernwörtern nach Wörtern mit doppeltem Mitlaut sowie mit ck und tz und Finden von Beweisen; eigenes Wortmaterial integrieren

## Weiterarbeit

- Bearbeiten der AH 48 ff. im Arbeitsheft
- Kompetenzorientierte Übungen, siehe
- Arbeit mit dem Lernwörterplan

## Material

### Wortkarten für die PA / GA oder Tafel

| | | | | |
|---|---|---|---|---|
| **welk** | **welken** | **er sitzt** | **sitzen** | **Speckknödel** |
| **Speck** | **Knödel** | **speckig** | **(ab)specken** | **Schnitzel** |
| **Schluck** | **Schlucke** | **schlucken** | **Besteck** | **Bestecke** |
| **stecken** | **Pommes** | **würzig** | **würzen** | **er schmatzt** |
| **schmatzen** | **er schleckt** | **schlecken** | **heikel** | **Salz** |
| **salzen** | **salzig** | **pfeffrig** | **Pfeffer** | **pfeffern** |
| **Platzteller** | **Platz** | **Teller** | **platzieren** | |

# 10. ck- und tz-Schreibung

## Lernwörter für das Lernwörterheft

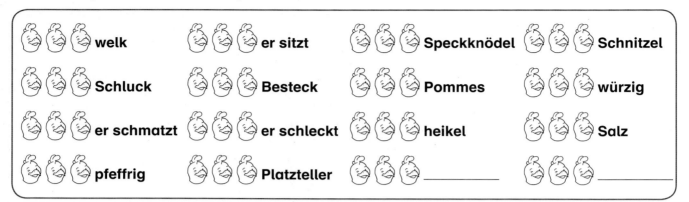

welk      er sitzt      Speckknödel      Schnitzel

Schluck      Besteck      Pommes      würzig

er schmatzt      er schleckt      heikel      Salz

pfeffrig      Platzteller      _____      _____

## Regelkarte

**Regel:**

Direkt nach den kurzen Vokalen **a, e, i, o, u** verdoppele ich **z** oder **k** und schreib's als **tz** oder **ck** dazu.

Nach Konsonanten (Mitlauten) und den Doppellauten **au, eu** und **ei** steht niemals ein **tz** oder **ck** dabei.

**Trick:**

**Achtung!**
Pizza, Skizze

## Arbeitstext/Diktat

### Wer kauft ein?

Mama Hedwig findet in der Speisekammer nur noch ein welkes Salatblatt.

Verzweifelt sitzt sie in der Scheune und hofft darauf, dass ihr Mann Herr Hahn nach seiner Arbeit auf der Müllverbrennungsanlage noch beim Metzger vorbeischaut, um leckere Schnitzel mitzubringen.

Sie träumt davon, diese neben salzige Pommes und würzige Speckknödel auf schönen Tellern zu platzieren und einen Schluck Wein dazu zu trinken.

Sie würde das Silberbesteck ihrer Mutter aufdecken.

Hedwig bekommt immer mehr Hunger und schleckt sich über ihre Lippen.

Interessiert kommt Hans nach Hause und bittet um sein Abendessen.

Zusammen entscheiden sie, heute ins Lokal zu gehen.

Beide freuen sich auf das edle Gedeck mit Platztellern.

Müller/Sichert/Trautner: Rechtschreibung kompetenzorientiert 4 – LB
© Auer Verlag – AAP Lehrerfachverlage GmbH, Augsburg

*Forscherblatt*

Name: _____    Datum: _____

## FORSCHERBLATT

1. **Erforsche die Ordnung.**
2. **Finde für die einzelnen Spalten passende Überschriften.**
3. **Finde eine Regel/einen Trick für die einzelnen Spalten.**

| | | | | |
|---|---|---|---|---|
| *Schluck*<br>*er schleckt*<br>*Besteck*<br>*Speckknödel* | *Schnitzel*<br>*er sitzt*<br>*er schmatzt*<br>*Platzteller* | *Pommes*<br>*pfeffrig* | *heikel*<br>*welk* | *Salz*<br>*würzig* |
| | | | | |

\* Kannst du innerhalb der einzelnen Spalten weitere Unterordnungen finden?
   Markiere farbig und erkläre.

## Kompetenzorientierte Übungen

---

**Spalte 1**

Ordne die Wörter in die Tabelle ein, finde eine Überschrift und schreibe eine passende
Regel/einen Trick dazu.

Hecke   schlimm   hacken   Hitze   Hummel   sammeln
Klotz   schwitzen   Stock   verletzen

| | | |
|---|---|---|
| | | |

Regel/Trick: _____   Regel/Trick: _____   Regel/Trick: _____

Kannst du noch eigene Wörter ergänzen?

**ck oder k?**

Welche Regeln oder Tricks helfen dir?
_____
_____

Finde eigene Wörter mit
ck: _____
k: _____

**tz oder z?**

Welche Regeln oder Tricks helfen dir?
_____
_____

Finde eigene Wörter mit
tz: _____
z: _____

---

**Spalte 2**

Setze richtig ein: **tz oder z?**

Bli___   Her___   Ker__e   stol___   spi___   Scher___   Spa___
Rei___   er hei__t   sie kra__t   Pil___   Gei___   es grun__t   Har___   Sa___
Ki___   Mär___   Pla___   Ro___   sie se__t sich   es rei__t mich   Si___

Welche Regel/welcher Trick haben dir geholfen? Erkläre genau mit einem Beispiel.
_____
_____

Setze richtig ein: **ck oder k?**

Ban___   er ne__t   E__e   Hen__el   Bli___   pin___
sie wel__t   Quer___   es ju__t   Tri___   es glü__t   sie zwi__t
star___   Schran___   sie pa__t   er len___t

Welche Regel/welcher Trick haben dir geholfen? Erkläre genau mit einem Beispiel.
_____
_____

Setze richtig ein: **ck oder k/tz oder z?** Schreibe einen eigenen Satz mit diesen Wörtern.
Ru___   Schre___   plö___lich   Her___
_____

Wol__e   Hi__e   er erschri__t   *bli___en
_____

Ban___   he__en   win__ig   Wan__e
_____

er le__t   Schnau__e   Schwan___   stol___
_____

---

**Spalte 3**

Setze richtig ein: **ck oder k/tz oder z?**

In der Sommerhi__e tro___net die Erde aus, die Äste der He__e werden
dürr und die Pflan___en wel___. Im Herbst bli__t und donnert es dann oft.
Plö___lich regnet es heftig aus den di__en Wol___en. Im __alten Winter schneit
es weiße Flo___en. Sie bede___en die Straßen und Kreu___ungen. Kinder ba___en
Plä___chen und Eltern verpa___en Geschen___e für Weihnachten. Und bald
bli___en aus der Schneede___e erste Schneeglö___chen hervor. Die Bir___en
blühen, Mutter pflan___t Gur___en und die Ka__e schleicht mit ihren Ta___en
gan___ vorsichtig durch die win___igen, la___ten Pfü___en der Schneeschmel___e
und trin___t einen kleinen Schlu___.

Bei einer Lücke gibt es zwei Möglichkeiten. Findest du sie?

Setze richtig ein: **ck oder k/tz oder z?**

Gan___ in ihren Gedan___en versun___en tan___t die glü___liche
Prin___essin mit ihren ___arten Füßchen über das win___ige De___chen im
Gras. Ihr geliebter Prin___ bli___t sie ganz verzü___t an und pflü___t ihr Rosen
aus dem tro___en He__e. Spi___e Dornen kra___en dabei über seine Arme und
ri___en sich in seine Haut. Schmer___lich verzieht er sein Gesicht und pu___t
seine Verle___ung mit dem schmu___igen Wasser aus der Pfü___e sauber. Seine
Geliebte bringt es nicht übers Her___, ihn so leiden zu sehen, gu___t ihn verliebt
an und macht ihm das schönste Geschen___: Sie gibt ihm einen di___en Kuss auf
seine Ba___e.

Finde einen Schlusssatz. Versuche, Wörter mit tz/z und ck/k einzubauen.

Setze Wörter mit **tz oder z** ein.
Die Nase eines Hundes heißt _____ .
Es pumpt das Blut durch deinen Körper: _____ .
Beim Sport muss man meistens sehr _____ .
Im Advent brennen vier _____ am _____ .
Die _____ kann dich mit ihren _____ Krallen heftig _____ .
Ich suche mir im Zug einen freien _____ auf den ich mich _____ .
Damit die Kleidung beim Kochen vor Fett und _____ ist, bindet
man sich eine _____ um.
Wenn man mit einer _____ Nadel in einen Luftballon sticht, _____ er.

Müller/Sichert/Trautner: Rechtschreibung kompetenzorientiert 4 – LB
© Auer Verlag – AAP Lehrerfachverlag GmbH, Augsburg

## Zu den Kapiteln

- Der /f/- und /w/-Laut und die Vorsilben Vor-/vor- und Ver-/ver
- Mitlautverdopplung
- ck- und tz-Schreibung

*Arbeitstext/Diktat*

---

**Hubert denkt nach**

**Im Kopf des jungen Hahns herrscht gerade völlige Verwirrung.**

**Er stellt sich viele schwierige Fragen.**

**Warum kann der Mensch aus Abfall Pullover herstellen, indem er Plastikmüll wiederverwertet, schafft es aber nicht, vorteilhafte, umweltschonende Verpackungen zu produzieren?**

**Wann und wie soll er am Fluss genüsslich sein Eis schlecken, wenn dieser schlimm verschmutzt ist?**

**Wieso salzt man ein Essen nach, das sowieso schon gewürzt ist?**

**Wenn man mit Speck Mäuse fängt, geht das dann auch mit Speckknödeln?**

**Weshalb ist es schlimm, wenn man schmatzt, aber nicht, wenn man Pommes ohne Besteck isst?**

**Ist Pizza gesünder als ein fettiges Schnitzel?**

**Warum gibt es im Alphabet mehr Konsonanten als Vokale?**

**Was ihn aber am meisten interessiert ist:**

**Wie kann er sich in der Schule einen Vorteil verschaffen, ohne dass er die physikalischen Formeln und englischen Vokabeln lernen muss?**

---

*Innerhalb des Diktats befinden sich primär Lernwörter der Lernwörterblöcke 8–10 sowie Wortmaterial aus dem Grundwortschatz der Jahrgangsstufen 1/2, 3/4. Rechtschriftliche Besonderheiten in den übrigen Wörtern können aus den bekannten Regeln und Tricks hergeleitet werden.*
*Das Diktat kann zur Übung, als Diagnose oder aber auch als Lernstandserhebung herangezogen werden.*

*Sätze des Tages*

**Viele Menschen zusammen produzieren mehr Müll als einer alleine.**

**Zum Besteck gehören Messer, Gabel, Löffel – ein Platzteller zählt zum Geschirr.**

**Wenn es Pommes oder Pizza gibt, kann Henri nur gierig schlecken, schlucken und schmatzen.**

**Pfeffer und Salz sind die wichtigsten Gewürze in den meisten Küchen.**

**Immer wenn Hubert den Müll in die Tonne schmeißt, stellt er sich vor, dass dieser auf dem Abfallhaufen landet oder verbrannt wird.**

**Wenn man Geschenke schön verpackt, trägt das auch zur Umweltverschmutzung bei.**

**Der Schnurrbart der Katze hilft ihr, sich immer und überall zu orientieren.**

**Hanna möchte einmal Physikerin, Schnitzelvorkosterin oder Besteckwäscherin werden.**

Müller/Sichert/Trautner: Rechtschreibung kompetenzorientiert 4 – LB
© Auer Verlag – AAP Lehrerfachverlage GmbH, Augsburg

Müller / Sichert / Trautner: Rechtschreibung kompetenzorientiert 4 – LB
© Auer Verlag – AAP Lehrerfachverlage GmbH, Augsburg

Name: _____     Datum: _____

## 3. Lernzielkontrolle

**1. Schreibe die diktierten Wörter auf.**

_____
_____
_____
_____                                    /6

**2. Schreibe die diktierten Sätze auf.**

_____
_____
_____
_____
_____
_____                                    /14

**3. Der *f-Laut* und der *w-Laut*. Finde je zwei Beispiele.**

Ich höre und schreibe F/f: _____
Ich höre und schreibe V/v: _____
Ich höre und schreibe Ph/ph: _____
Ich höre und schreibe W/w: _____
Ich höre und schreibe V/v: _____                                    /10

**4. a) Setze richtig ein: *tz* oder *z*? Schreibe das Wort noch einmal richtig auf.**

er schwi___t: _____
Hol___: _____
Klo___: _____
Mär___: _____
sie kra___t: _____
Kreu___: _____                                    /3

**b) Was ist hier los? Erkläre genau.**

*Pi___a: _____
*Ski___e: _____                                    /2

**5. Kreise das richtige Wort ein und begründe genau mit einer Regel/einem Trick.**

Schranck / Schrank
Regel / Trick: _____

Nus / Nuss
Regel / Trick: _____                                    /3

**6. Streiche das falsche Wort durch und schreibe es richtig darüber.**

Foller Elan stürzte sich Henri auf die hausaufgaben. (3)

Sein Schiift flok nur so über die Zeilen. (2)                                    /2

Von 40 Punkten hast du _____ erreicht.     Note: _____

## Korrekturhinweise zur 3. Lernzielkontrolle auf S. 87

**Zu 1:**

*er schmatzt, Pfeffer, sie welkt, Besteckkasten, Pommesbude, er sitzt, Hoffnung, oval, er schüttet, denn, Gewürz, das*

→ pro richtig geschriebenem Wort ½ Punkt

**Zu 2.:**

*Henri besucht mit seiner Klasse die Müllverbrennungsanlage. Ein netter Herr mit völlig schwarzem Schnurrbart erklärt ihnen, dass hier täglich tonnenweise Abfall angeliefert wird. Man sieht riesige Schuttberge, haufenweise Verpackungen und alles ist schmutzig und stinkt gewaltig. Als sie an den großen Gifttanks vorbeikommen, wünschen sich alle ganz weit fort. Die Kinder schlucken schwer und nehmen sich vor, besser auf die Umwelt zu achten und dies nie mehr zu vergessen. Dies ist nicht nur interessant und wichtig für die Klasse. Hier müssen alle zusammenhalten und überlegen, wie sie dieses Problem zum Vorteil von jedem lösen können.*

→ pro falsch geschriebenem Wort 1 Punkt Abzug.

**Zu 3.:**

→ pro rechtschriftlich korrektem Wort 1 Punkt

**Zu 4. a):**

*er schwitzt, März, Holz, sie kratzt, Klotz, Kreuz*

→ pro rechtschriftlich korrektem Wort ½ Punkt

**Zu 4. b):**

*Pizza, Skizze*

→ pro rechtschriftlich korrektem Wort ½ Punkt

→ Erklärung (Fremdwort/Ausnahme, Regel/Abweichung) 1 Punkt

**Zu 5.:**

→ pro richtig erkanntem Wort ½ Punkt

→ pro passender Regel/passendem Trick Wort 1 Punkt

**Zu 6.:**

→ pro richtig verbessertem Wort ½ Punkt

| Vorgeschlagener Punkteschlüssel: | | | | | |
|---|---|---|---|---|---|
| 40 – 38 | 37 – 34 | 33 – 26 | 25 – 18 | 17 – 11 | 10 – 0 |

Müller/Sichert/Trautner: Rechtschreibung kompetenzorientiert 4 – LB
© Auer Verlag – AAP Lehrerfachverlage GmbH, Augsburg

# 11. h-Schreibung (stummes h und silbentrennendes h)

## Das sollte man wissen

Die Schreibung von <h> kann schnell zu Verwirrungen führen, da innerhalb der deutschen Rechtschreibung kaum Regelhaftigkeiten (zumindest auf den ersten Blick) zu erkennen sind.

Grundsätzlich wird zwischen dem **stummen h** (auch Dehnungs-h) und dem **silbentrennenden h** unterschieden.

Das **stumme <h>** folgt auf einen Langvokal (**Oh**-ren, **zah**-len) in der 1. Silbe, ist jedoch die Ausnahme zur Längenkennzeichnung. Normalerweise ist der Langvokal bereits automatisch durch die offene Silbe markiert (**Ho**-se, **ma**-len). Zudem kann der Langvokal durch einen doppelten Vokal gekennzeichnet sein (**Boot**, **Haa**re). Oft begegnet man der Regelung, dass ein stummes h dann verschriftet wird, wenn die 2. Silbe mit l, m, n, r beginnt (**feh**-len, **neh**-men, **Fah**-rer). Dieser „Trick" ist jedoch nicht unbedingt zielführend, da wieder viele Ausnahmen existieren (**Schu**-le, **schö**-ne, **grü**-ne) und Kinder zu Übergeneralisierungen neigen.

Sicher kann jedoch festgehalten werden: Wenn ein stummes h vorhanden ist, endet die 1. Silbe immer mit selbigem (**Oh**-ren).

Man sieht: Es lässt sich keine eindeutige Regel oder Strategie zur Schreibung von stummem h ableiten, die zur orthografisch korrekten Schreibung führt. Somit sind Wörter mit stummem h *Merkwörter*.

Das **silbentrennende <h>** ist über den Silbenaufbau zu erklären:

Steht in der 1. betonten Silbe ein Vokal (auch nach <ie>) und beginnt die 2. Silbe mit einem unbetonten Vokal (/e/), so wird ein <h> verschriftet (**ge**-hen, **Kü**-he, **zie**-hen), da ansonsten zwei Vokale aufeinandertreffen würden (*geen, *Küe, *zieen). Dieses <h> wird zwar nicht gesprochen, aber beim Wippen / Schwingen / Gehen der Silbe gemerkt.

Nach Diphthongen schreibt man kein silbentrennendes <h> (schau-en, freu-en). Unregelmäßig ist es wiederum bei <ei> (**schrei**-en, **wei**-hen).

Somit führt auch das Betonen des silbentrennenden <h> über die Silbe zu Übergeneralisierungen wie *schrei-hen.

Wichtig an dieser Stelle ist, dass Kinder nicht zum künstlichen Sprechen verleitet werden.

Selbst für kompetente Rechtschreiber ist es schwierig, überhaupt zur Unterscheidung zwischen silbentrennendem <h> und stummem <h> zu gelangen. Ziel ist es, innerhalb dieser Sequenz die Kinder erneut auf die Metaebene zu führen, indem sie sich wieder ins Gedächtnis rufen, dass es zwei verschiedene Arten von <h>, das stumme und das silbentrennende h, gibt. Ihnen soll ganz bewusst werden, dass das stumme <h> gemerkt werden muss.

Die Regel für Kinder müsste lauten:

„Ich schreibe nur dann ein stummes h, wenn ich weiß, dass es in dieses Wort gehört. Wenn ich mir nicht sicher bin, muss ich im Wörterbuch nachschauen!" (s. Wörterbucharbeit), gleiches gilt für die weiteren Lernwörter, welche den Merkschreibungen unterliegen (siehe „Wortanalyse" und „ Informationen vorab").

Müller/Sichert/Trautner: Rechtschreibung kompetenzorientieren 4 | LS
© Auer Verlag – AAP Lehrerfachverlage GmbH, Augsburg

# 11. h-Schreibung (stummes h und silbentrennendes h)

## Kompetenzstufen

**Automatisiertes,
richtiges Schreiben von <h>
in bekannten Wörtern; Nachschlagen bei unbekannten Wörtern**

**Fähigkeit**, das „h" richtig zu setzen und dabei
zwischen stummem <h> und silbentrennendem <h> unterscheiden zu können:

Bsp: Schule oder Schuhle?
1. Silbentrennung → Schu-le; Schuh-le
   → kein silbentrennendes h;
   Wenn, dann: stummes h
2. Nachschlagen im Wörterbuch

Bsp: *er geht* oder *er get*?
1. Prototypischer Zweisilber → *gehen/geen*
2. Silbentrennung → *ge-hen; ge-en*
   → silbentrennendes h, weil die 2. Silbe
   nicht mit Vokal beginnen kann

Bsp: *er schreit* oder *er schreiht*
1. Prototypischer Zweisilber → *schreihen/
   schreien*
2. Silbentrennung → *schrei-hen; schrei-en*
   → Silbentrennendes h wäre tatsächlich
   möglich, aber Nachschlagen dringend nötig,
   da es sich um ein Ausnahmewort handelt.

**Wissen** über die <u>Begrifflichkeit</u> von stummem <h> und silbentrennendem <h>

**Fundament:**
- Motivation und Volition, Wörter orthografisch korrekt zu verschriften
  (weg von lauttreuen Schreibungen)
- Sichere lauttreue Verschriftung von Wörtern

- Fähigkeit, Wörter in Sprechsilben trennen zu können
- Wissen über Aufbau der Silbe

Hinsichtlich der h-Schreibung existiert keine „klassische" Kompetenzenhierarchie.
Hier sind exemplarisch Fälle aufgelistet, die mögliche Denkleistungen auf unterschiedlichen Stufen sein
könnten. Die Unterscheidung zwischen stummem h und silbentrennendem h kann durch die Arbeit in der
1./2. Klasse angebahnt und innerhalb der 3./4 Jahrgangsstufe ausgebaut werden. Durch das Denken über die
Silbe kann somit zumindest die regelhafte Verschriftung des silbentrennenden h erklärt und automatisiert
werden. Wichtig ist jedoch, dass die Kinder im Laufe der Schulzeit ein Repertoire an stummen h-Wörtern
sicher kennen und dies stets bewusst erweitern.

Müller / Sichert / Trautner: Rechtschreibung kompetenzorientiert 4 – LB
© Auer Verlag – AAP Lehrerfachverlage GmbH, Augsburg

## Kompetenzstufentest

Name: _____ Datum: _____

**1. Schreibe die diktierten Wörter auf:**

_____

_____

_____

**2. Was weißt du alles über das *h*?**

_____

_____

_____

_____

_____

## Erläuterungen zum Kompetenzstufentest

Zu diktierende Wörter:
*ihnen, früh, er erzählt, Jahr, Jahre Frühling, wahr, Höhle, beinahe, während, sie verzehrt, fühlen, er flieht, er flieht, mehr, Ruhe, ohne, Frühling, Gefühl*

**Zu 1.:** Diese Aufgabe besteht aus den Lernwörtern der 3. Klasse und zeigt, inwieweit die Schüler die bereits bekannten Wörter mit h korrekt verschriften. Viele Erkenntnisse können neben diesem Kompetenztest zudem durch einen Blick in die Schülerhefte (vor allem bei freien Texten) gewonnen werden.

**Zu 2.:** Nr. 2 ist sehr offen gestaltet und zeigt vor allem, inwieweit der Schüler eine Struktur bezüglich der h-Schreibung verinnerlicht hat bzw. wie er diese formuliert.
Wird zwischen silbentrennendem und stummem h unterschieden?
Wird zwar bei Nr.1 korrekt verschriftet, aber kann keine Strategie erklärt werden?
Dies sind alles wertvolle Einblicke in die Vorerfahrungen der Kinder, welche für die Weiterarbeit in diesem Kapitel hilfreich sein können.

## Informationen vorab

Aus den Sachinformationen geht die Komplexität der h-Schreibung hervor. Ziel sollte es in unserem Arbeitsheft sein, diese auf Grundschulniveau herunterzubrechen. So werden den Kindern bereits in der 1./2. Klasse mittels ausgewählter Lernwörter sowohl Wörter mit stummem h als auch mit silbentrennendem h präsentiert. Die Übungen beschäftigen sich einerseits isoliert mit den beiden Fällen, aber auch kombiniert, um die Unterscheidungsfähigkeit zu fördern. Es muss der Lehrkraft bewusst sein, dass auch innerhalb der 3. Jahrgangsstufe die Unterscheidung der beiden h-Schreibungen nicht von allen Kindern (vor allem bei unbekanntem Wortmaterial) geleistet werden kann! Im Zentrum der Arbeit mit diesen beiden Rechtschreibphänomenen sollte auch an dieser Stelle stehen, dass bereits relativ viele Wörter zum Rechtschreibfall „**Stummes h**" gesammelt werden, um diese über das Wortbild zu *merken*. Innerhalb dieses Kapitels geht es darum, die bereits bekannten Denkmuster der Kinder bezüglich der h-Schreibung aufzugreifen und fortzuführen. Den Schülern soll immer mehr die Unterscheidung der zu erklärenden Schreibung des silbentrennenden h's und der stummen-h-Schreibung ins Bewusstsein treten. Das bisher geführte Lernplakat zum stummen h soll fortgeführt und erweitert werden.

Dennoch soll neben den h-Schreibungen ein Fokus auf den Merkschreibungen im Allgemeinen liegen. Deshalb wurden neben dem stummen h Wörter mit Doppelvokal, *dt* am Wortende sowie *Ch* am Wortanfang in den Lernwörterblock integriert (s. Wortanalyse).

## Zum Wortmaterial

| silbentrennendes h | stummes h | sonstige Merkschreibungen |
|---|---|---|
| Höhe → Hö-he | ähnlich → ah-nen | Moos |
| Rohkost → ro-he + Kost | Bahnhof → Bah-nen | Stadt |
| es geschah → ge-sche-hen | Führung → füh-ren | China |
| ruhig → ru-hen | während → wäh-rend | |
| Wasserfloh → Wasser + Flö-he | ungefähr → Gefahr, Ge-fah-ren | |
| es glüht → glü-hen | | |

Die ausgewählten Wörter beinhalten einerseits eine h-Schreibung oder sind Merkschreibungen. Es kann zwischen Wörtern mit stummem h und silbentrennendem h unterschieden werden, wobei die zusätzlichen Merkschreibungen (*Moos, Stadt, China*) dem stummen h als Merkschreibung zugeteilt werden können.

Die Wörter mit silbentrennendem h können durch die Silbe ermittelt werden (= Trickwort).

Die Herausforderung für die Kinder besteht nun darin, dass innerhalb der Wörter mit silbentrennendem h viele Fälle aufgenommen wurden, welche nur schwer auf den Zweisilber zurückgeführt werden können. Somit muss das Bilden von Zweisilbern erneut bewusst in den Vordergrund treten und geschult werden.

## Erarbeitungsvorschlag

### Einstig

* Gesprächsanlass: AHA!-Seite aus dem | AH | 53 |

  ○ Eingehen auf die Fehler der Kinder: Wer findet welches Wort schwer und warum?

  ○ Erklären der gefundenen Ordnungen/AHA-Sätze durch die Kinder

  *Es wird vielen Kindern ins Auge stechen, dass die meisten Wörter ein h aufweisen. Eventuell wird bereits an dieser Stelle darüber diskutiert, dass einige Wörter nicht korrekt verschriftet wurden, „weil man das h nicht hört". Alle gefundenen Ordnungen sind zu würdigen.*

### Erarbeitung

* Impuls: Lehrer präsentiert seine Ordnung **Trickwörter/Merkwörter** zunächst unkommentiert; Achtung: Hier alle Merkwörter zusammen in eine Spalte; erst später wird aufgeteilt.

| Trickwörter | Merkwörter | |
|---|---|---|
| silbentrennendes h | stummes h | sonstige Merkschreibungen |
| Höhe → Hö-he | ähnlich → ah-nen | Moos |
| Rohkost → ro-he + Kost | Bahnhof → Bah-nen | Stadt |
| es geschah → ge-sche-hen | Führung → füh-ren | China |
| ruhig → ru-hen | während → wäh-rend | |
| Wasserfloh → Wasser + Flö-he | ungefähr → Gefahr, Ge-fah-ren | |
| es glüht → glü-hen | | |

Müller/Sichert/Trautner: Rechtschreibung kompetenzorientiert 4 – LB
© Auer Verlag – AAP Lehrerfachverlage GmbH, Augsburg

# 11. h-Schreibung (stummes h und silbentrennendes h)

- Kurze Schüleräußerungen → erste Ideen zu der Ordnung; Vorwissen aktivieren
- EA; PA; GA: Tafel wird geschlossen; Schüler erforschen Lehrerordnung (→ Forscherblatt)
- Unterrichtsgespräch: Sammeln der Ergebnisse; gemeinsames Finden von Überschriften zu den einzelnen Spalten (s. Tabelle oben)
- Tricks für silbentrennendes h an Tafel visualisieren; gemeinsam Unterscheidungsstrategie wiederholen
- Merkschreibungen untergliedern
  Merkplakat erstellen

> *Hier soll der Trick über die Silbe wieder ins Gedächtnis gerufen werden. Dazu ist das Forscherblatt gut geeignet. Beim Bilden der zweisilbigen Formen wird bewusst, dass das stumme h am Silbenende, das silbentrennende h am Anfang der 2. Silbe steht. Dies kann durch die Ergänzung der Tabelle (s. oben) und durch das farbige Markieren des h an der Tafel visualisiert werden.*
>
> *Sinnvoll ist sicherlich das gemeinsame Wippen/Schwingen/Gehen der Wörter und das „Erspüren" des silbentrennenden h's.*

## Sicherung

- Weiterführung des Plakats zum stummen h
- Spiel: stummes h oder silbentrennendes h

> *Der Lehrer ruft nacheinander viele Einsilber mit h in den Raum. Die Kinder entscheiden daraufhin, ob sie an die Spalte zum stummen h oder zum silbentrennenden h geschrieben werden müssen.*
> *Bsp: Lohn, er dreht, lahm, Zahn, sie näht, Hahn, Schuh, er geht, es wählt, er führt, Sohn, roh, es steht, sie rührt, Jahr, er mäht usw.*

## Weiterarbeit

- Bearbeiten der | AH | 54 ff. | im Arbeitsheft
- Kompetenzorientierte Übungen, siehe ◎
- Arbeit mit dem Lernwörterplan

## Material

*Wortkarten für die PA / GA oder Tafel*

| Höhe | roh | Rohkost | rohe | roher |
|---|---|---|---|---|
| Kost | es geschah | geschehen | ruhig | Ruhe |
| ruhig | ruhen | Wasserfloh | Wasser | Floh |
| Flöhe | es glüht | glühen | ähnlich | ahnen |
| Bahnhof | Bahn | Bahnen | Hof | Führung |
| führen | während | ungefähr | Gefahr | Gefahren |
| Moos | Stadt | China | | |

## Regelkarte

| Regel: | Trick: |
|---|---|
| Ein **h** in der Wortmitte kann ein **stummes h** oder ein **silbentrennendes h** sein. Wörter mit **stummem h** muss ich mir merken. Wenn ich mir nicht sicher bin, muss ich im Wörterbuch nachschauen. | Die Silbe kann mir beim **silbentrennenden h** helfen.  |

## Lernwörter für das Lernwörterheft

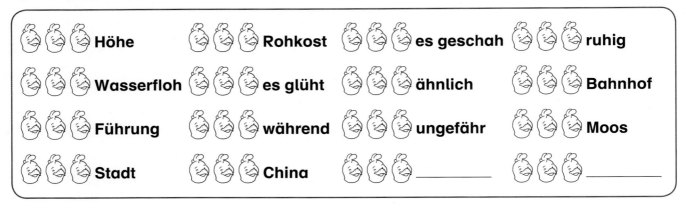

Höhe     Rohkost     es geschah     ruhig

Wasserfloh     es glüht     ähnlich     Bahnhof

Führung     während     ungefähr     Moos

Stadt     China     _____     _____

## Forscherblatt

Name: _____     Datum: _____

### FORSCHERBLATT

1. **Erforsche die Ordnung.**
2. **Finde für die einzelnen Spalten passende Überschriften.**
3. **Finde eine Regel/einen Trick für die einzelnen Spalten.**

| | |
|---|---|
| *Höhe*<br>*Rohkost*<br>*es geschah*<br>*ruhig*<br>*Wasserfloh*<br>*es glüht* | *ähnlich*<br>*Bahnhof*<br>*Führung*<br>*während*<br>*ungefähr*<br>*Moos*<br>*Stadt*<br>*China* |
| | |

\* Kannst du innerhalb der einzelnen Spalten weitere Unterordnungen finden?
Markiere farbig und erkläre.

Müller/Sichert/Trautner: Rechtschreibung kompetenzorientiert 4 – LB
© Auer Verlag – AAP Lehrerfachverlags GmbH, Augsburg

# 11. h-Schreibung (stummes h und silbentrennendes h)

### Hans und Hedwig

Henri erinnert sich, wie ihm Mama ungefähr letztes Jahr erzählte, wie es früher war:

Sie lebte mit der Familie in einer dunklen Höhle oben auf dem Berg in gewaltiger Höhe und wäre während der kalten Jahreszeit beinahe erfroren.

Sie kuschelte sich ins dichte Moos, fühlte sich einsam, verzehrte die letzten Körner sowie Rohkost und freute sich auf den Frühling.

Es geschah an einem ruhigen Sonntag.

Sie sah Hans, den Hahn.

Ihr Herz blühte auf vor Glück und glühte wie ein Vulkan.

Er entführte sie in die Stadt zum wunderschönen Stall, in dem er wohnte und konnte sich ein Leben ohne die Henne nicht mehr vorstellen.

Mit ihm wäre sie sogar mit dem Zug vom Bahnhof bis nach China geflohen.

Er bezahlte ihr Schuhe und fuhr sogar an Weihnachten zu seinem Bruder nach Amerika.

Hedwig hüpfte wie ein Wasserfloh.

Zu schön, um wahr zu sein!

So ähnlich stellt sich Henri auch seine große Liebesgeschichte vor.

## Kompetenzorientierte Übungen

---

**Wörter mit stummem h muss ich mir merken!**
Welche Wörter mit stummem h kennst du? Schreibe sie auf.

Überprüfe mit einem Wörterbuch / deiner Wörterliste.

**Das silbentrennende h kann ich mit dem Zweisilber beweisen.**
Bilde aus den Wörtern Zweisilber und markiere das silbentrennende h.

es blüht   Zeh   sie zieht   Schuh   er droht   sie geht   Reh   Kuh
sie sieht   Floh   er steht   roh   er kräht   nah   sie muht   sie sprüht
*Glühbirne   *Weihnachten   *Nähkästchen

blü-hen, _____

**Für manche Wörter gibt es keine Regel / keinen Trick. Ich muss sie mir merken.**
Finde eigene Beispiele und kontrolliere mit dem Wörterbuch / der Wörterliste.
Wörter mit Doppelvokal (aa, ee, oo):

Wörter mit stummem h:

Ich höre ein langes i und schreibe i:

---

**Stummes h oder silbentrennendes h?** Tipp: Der Zweisilber kann dir helfen.

ruhig   Zahn   er versteht   Huhn   sie lehrt   lahm   er weht   nah
er sieht   kühl   es fehlt   sie leiht   Geweih   es gedeiht   Lohn
sie fühlt   Sohn   sehr   er bejaht   Mehl   Jahr

silbentrennendes h:

ru-hig, _____

stummes h:

**Finde zu jedem Wortstamm Nomen, Verben und Adjektive:**
-ruh-
Nomen: _____
Verben: _____
Adjektive: _____
-fehl-
Nomen: _____
Verben: _____
Adjektive: _____

Welches Wort passt nicht in die Reihe? Streiche es durch und begründe deine Meinung.
**Boot, Moos, doof, See**
Grund: _____
**er sieht, er fehlt, sie geht, sie steht**
Grund: _____
**Huhn, Reh, Kuh, Geweih**
Grund: _____
***kahl, kühl, cool, kalt**
Grund: _____

---

**Stummes h oder silbentrennendes h?**
Zahnarzt   Lehrmittel   Sehtest   Fehlanzeige   Leihwagen
Innenohr   Kühltheke   Frühsport   Kuhglocke
Wahlurne   *Stuhllehne   *Schuhsohle

stummes h:

silbentrennendes h:

Wie hast du das gemacht? Erkläre genau.

**Silbentrennendes h oder kein h?**
Ho___se   er we___t   schwü___l   sie sa___   Ku___   Kro___ne
er krä___t   er mä___t   Schwa___n   Mü___e   fro___   Schu___le
Ro___se   Spu___le   Scha___le   frü___
Kontrolliere jedes Wort genau mit dem Wörterbuch und schreibe die Seitenzahl dazu.
Schreibe alle Wörter noch einmal richtig auf.

*Wo___l: Was ist hier los? Erkläre genau.

Welche Wörter passen zusammen? Markiere, ordne richtig in die Körbe ein und finde eine passende Überschrift.
Physik   Reh   kahl   Rhabarber   nah   Theo   heiß   Kuh
Hose   er steht   er hilft   lahm   Hase   Theater   Lohn   es fehlt

---

Zugrunde gelegt sind die Lehrerinformationen zu den Kapiteln Umlautung (S. 55 ff.) sowie Auslautverhärtung / kombinatorischer Verhärtung (S. 49 ff.).

## Das sollte man wissen

Innerhalb dieses Kapitels sollen die bereits in den Kapiteln 6 und 7 thematisierten Rechtschreibphänomene gefestigt werden. Zudem treten in bestimmten Wörtern beide Fälle kombiniert auf (s. Wortanalyse).

Durch die dargebotenen Lernwörter soll die Kompetenzerweiterung nun darin liegen, das Augenmerk auf **beide** Rechtschreibfälle in Kombination zu richten. Durch die Kenntnis der Rechtschreibbesonderheiten Umlautung und Auslautverhärtung sollen beide Fälle innerhalb *eines* Wortes erkannt und mittels passender Regeln und Tricks die korrekte Schreibweise ermittelt werden.

## Kompetenzstufentest

Neben dem angebotenen Kompetenzstufentest erlauben Einblicke in die Schülerhefte aussagekräftige Einsichten bezüglich der Schreibgewohnheiten der Kinder sowohl bezogen auf die Auslautverhärtung/kombinatorische Verhärtung als auch auf die Umlautung.

Name: _____ Datum: _____

**1. Schreibe nach Diktat.**

_____

_____

_____

_____

_____

## Erläuterungen zum Kompetenzstufentest

An dieser Stelle ist es sinnvoll, unterschiedlichste Wörter mit Auslautverhärtung und Umlautung zu diktieren. Hier merkt der Lehrer, inwieweit die bereits thematisierten Lernwörter aus Kapitel 6 und 7 beherrscht werden.

*er flog, Fruchtsäfte, Berggipfel, er lügt, Verkäufer, sie fand, Wegweiser, es gab, Käse, Kinoheld, hässlich, er schraubt, Bäcker, arg, Märchenbuch, farbenblind, Häute, härter, es läutet, er gräbt, glaubhaft, Bär, Zugabteil, Käfer, Freundschaft, länger, sie bleibt*

## Informationen vorab

Sowohl die Auslautverhärtung/kombinatorische Verhärtung als auch die Umlautung sind zentrale Themen des Rechtschreibunterrichts in der gesamten Grundschulzeit (Spiralprinzip!). Es muss immer daran gedacht werden, dass sich im Laufe der Zeit die Strategien in den Köpfen der Kinder festigen, wandeln und erneut transformieren (Konstruktivismus!). Innerhalb der Kapitel 6 und 7 wurden die Phänomene Auslautverhärtung/kombinatorische Verhärtung und Umlautung isoliert behandelt. Nun soll es darum gehen, diese erneut

Müller / Sichert / Trautner: Rechtschreibung kompetenzorientiert 4 – LB
© Auer Verlag – AAP Lehrerfachverlage GmbH, Augsburg

Müller / Sichert / Trautner: Rechtschreibung kompetenzorientiert 4 + 5

© Auer Verlag – AAP Lehrerfachverlage GmbH, Augsburg

## Kompetenzstufen

**Automatisiertes, unbewusstes Anwenden von Strategien zur ALV in freien Texten und an unbekannten Wörtern an beliebiger Stelle im Wort**

**Übertrag** des Wissens auf neue, unbekannte Wörter

Bewusstes Wahrnehmen von /p/, /t/, /k/ in der **Wortmitte** (kombinatorische Verhärtung) und gezielter Zweifel
→ **Anwendung von Strategien**
• Grundformbildung beim Verb (er *liebt* → *lie-ben*)
• Wortzusammensetzungen entschlüsseln (*Geldbörse* → *Gel-der*)
• Wortbildungsprozesse erkennen (*befremdlich* → *Frem-de*)

**Wissen** um das Phänomen der **Auslautverhärtung:**
Bewusstes Wahrnehmen von hartem /p/, /t/, /k/ am Wortende und *gezielter* Zweifel
→ **Anwendung von Strategien** bei einfachen, bekannten Wörtern:
• Wortverlängerung (Pluralbildung, Grundformbildung, Steigerung, Wortartwechsel)
• Trennung von Wortzusammensetzungen (bei denen bereits bekannte Wörter enthalten sind) in Einzelbestandteile und Ableitung einer bekannten Form

**Lauttreue Schreibung** (*Hunt, Hant, Gelt, ...*), jedoch dabei erste **Irritationen:**
• Kennen der richtigen Schreibweise (*Hund, Hand, Geld, ...*),
aber noch keine Erklärung dafür → Metabewusstsein fehlt

**Fundament:**
• Motivation und Volition, Wörter orthografisch korrekt zu verschriften (weg von lauttreuen Schreibungen)
• Lautliche Unterscheidungsfähigkeiten von p–b, t–d und k–g am Wortanfang

**Kombination**

---

**Automatisierte, korrekte Verschriftung von Umlauten in eigenen Texten**

Automatisches, bewusstes Zurückgreifen auf die Bildung von verwandten Wörtern (Anwenden von Strategien), um bei Wörtern mit a/ä und au/äu zur richtigen Schreibweise zu gelangen
→ Bewusstsein über wenige Ausnahmen = Merkwörter (Mädchen, März, Käfer)

Zweifel:
• Ich höre e und überlege, ob ich e oder ä schreibe (er *fellt oder er *fällt* → *fallen*)
• Ich höre eu und überlege, ob ich eu oder äu schreibe (er *leuft oder *läuft* → *laufen*)
→ Kenntnis der Strategie (versteckte Wörter finden):
• Pluralbildung
• Grundformbildung
• Bildung der Grundstufe
• Wortverwandtschaften finden

Lauttreue Verschriftung:
• Ich höre e und schreibe e (*er *felt* ist hier noch möglich)
• Ich höre eu und schreibe eu (*er *leuft* ist hier noch möglich)
→ Kenntnis der Umlaute als Schriftzeichen (ä und äu)

**Fundament:**
• Motivation und Volition, Wörter orthografisch richtig zu schreiben (d.h. weg von lauttreuen Verschriftungen)
• Bildung von Einsilbern → Zweisilbern / Zweisilbern → Einsilbern

aufzugreifen und in **Kombination** zu bringen. Den Kindern soll bewusst werden, dass Rechtschreibbesonderheiten nicht immer isoliert innerhalb eines Wortes auftreten, sondern dass auch eine Kombination mehrerer „schwieriger Stellen" innerhalb *eines* einzelnen Wortes auftreten kann. Schwierig sind solche Wörter, bei welchen eine Rechtschreibbesonderheit, die mittels Regel / Trick ermittelt werden kann, **und** eine Merkschreibung kombiniert in einem Wort vertreten sind (Bsp: *Mittelohr* → den Doppelmitlaut (tt) kann ich mir mit einer Regel / einem Trick erklären; Ohr weist jedoch ein stummes h auf, das gemerkt werden muss). Um eine Sensibilität für derartige Rechtschreibbesonderheiten zu erlangen, sollen die Kinder zunächst einmal mit Wortmaterial konfrontiert werden, welches zwar verschiedene Rechtschreibfälle vereint, jedoch immer über eine Regel / einen Trick zu erklären ist (s. Wortanalyse). Hierbei erkennen sie, dass bei der Auslautverhärtung als Trick auf die zweisilbige Wortform zurückgegriffen werden muss, bei der Erklärung der Umlautung ein „Versteckwort" (oft in einsilbiger Form) hilft. Darauf aufbauend werden in den Folgekapiteln immer wieder Wörter vertreten sein, welche verschiedenste Rechtschreibbesonderheiten vereinen.

## Zum Wortmaterial

| reine Auslautverhärtung | reine Umlautung | Umlautung + Auslautverhärtung durch die Nachsilbe -ig | Kombination von Auslautverhärtung und Umlautung |
|---|---|---|---|
| er fan**d** → fin**d**en (GF) | er erklär**t** → klar | zuk**ü**nftig → Zukunft → zukünftiger → zukünft--ig | in einem isolierten Wort: l**ä**n**d**lich → Land → Länder |
| tau**b** → der tau**b**e Mann (Dekl.) | sie r**äu**mt auf → Raum | kr**ä**ftig → Kraft → kräftiger → kräft--ig | es f**ä**ngt an → fangen / Fang → fangen |
| er wo**g** ab → wie**g**en (GF) | **Ä**rmel → Arm | | Kombiniert in Zusammensetzungen: Gel**d**beträge Geld + Beträge → Gelder → Beträge → Betrag |
| Hem**d** → Hem**d**en (MZ) | Tr**ä**ne → Tran → wenn nicht bekannt: Merkschreibung | | Hem**d**ärmel Hemd + Ärmel → Hem**d**en → **A**rm |

## Erarbeitungsvorschlag

*Einstieg*

- Gesprächsanlass: AHA!-Seite aus dem | AH | 57 |
  - Eingehen auf die Fehler der Kinder: Wer findet welches Wort schwer und warum?
  - Erklären der gefundenen Ordnungen / AHA-Sätze durch die Kinder

*Erarbeitung*

- Impuls: Lehrer präsentiert seine Ordnung **ALV / Umlautung / Umlautung + ALV** zunächst unkommentiert → Schüleräußerungen / Vorwissen aktivieren
- Forscherblatt (EA; PA; GA)

  *Die Kinder erarbeiten durch das Forscherblatt, dass in einigen Wörtern die Auslautverhärtung und die Umlautung isoliert, in anderen wiederum kombiniert auftritt. Sie wiederholen die Regeln / Tricks zu den Rechtschreibbesonderheiten. Außerdem wird ein besonderes Augenmerk auf die Nachsilbe -ig gelegt.*

Müller / Sichert / Trautner: Rechtschreibung kompetenzorientiert 4 – LB
© Auer Verlag – AAP Lehrerfachverlage GmbH, Augsburg

- Unterrichtsgespräch: Sammeln der Ergebnisse; gemeinsame Regelwiederholung / Strategien zum Verlängern der Wörter sowie Finden der „Versteckwörter"
  → Regel / Strategiekarten an Tafel visualisieren

### Sicherung

- Erweiterung der Tabelle durch Beispiele aus den bereits bekannten Lernwörterblöcken / um eigenes Wortmaterial
  → Schülerideen aufgreifen (evtl. Suchen in den bisherigen Wörterlisten, Wörterbüchern etc.)

## Weiterarbeit

- Bearbeiten der ｜AH ｜58 ff.｜ im Arbeitsheft
- Kompetenzorientierte Übungen, siehe ⊙ (zzgl. bei Bedarf auch die aus den Kapiteln 6 und 7)
- Arbeiten mit dem Lernwörterplan

## Material

### Wortkarten für die PA / GA oder Tafel

| er fand | finden | taub | taube | er wog ab | wiegen |
|---------|--------|------|-------|-----------|--------|
| Hemd | Hemden | er erklärt | klar | sie räumt auf | Raum |
| Ärmel | Arm | Träne | Tran | zukünftig | Zukunft |
| zukünftiger | zukünft--ig | kräftig | Kraft | kräft--ig | ländlich |
| Land | Länder | es fängt an | anfangen | fangen | Geldbeträge |
| Geld | Beträge | Gelder | Betrag | Hemdärmel | Hemd |
| | | Ärmel | Hemden | Arm | |

### Lernwörter für das Lernwörterheft

| er fand | taub | er wog ab | Hemd |
|---------|------|-----------|------|
| er erklärt | sie räumt auf | Ärmel | Träne |
| zukünftig | kräftig | ländlich | es fängt an |
| Geldbeträge | Hemdärmel | _____ | _____ |

*Forscherblatt*

**Name:** _____   **Datum:** _____

## FORSCHERBLATT

1. **Erforsche die Ordnung.**
2. **Finde für die einzelnen Spalten passende Überschriften.**
3. **Finde eine Regel/einen Trick für die einzelnen Spalten.**

|  |  |  |  |
|---|---|---|---|
| er fand<br>taub<br>er wog ab<br>Hemd | er erklärt<br>sie räumt auf<br>Ärmel<br>Träne | zukünftig<br>kräftig | ländlich<br>es fängt an<br>Geldbeträge<br>Hemdärmel |

\* Kannst du innerhalb der einzelnen Spalten weitere Unterordnungen finden?
  Markiere farbig und erkläre.

*Regelkarten*

**Regel:**
Aha,
in ä versteckt sich a.
Ich weiß es sogar ganz genau –
in äu versteckt sich au.

**Trick:**
Um das Versteckwort zu finden,
muss ich …
- Verben (Tunwörter) in die Grundform setzen.
- Nomen (Namenwörter) in die Einzahl setzen.
- Adjektive (Wiewörter) in die Grundstufe setzen.

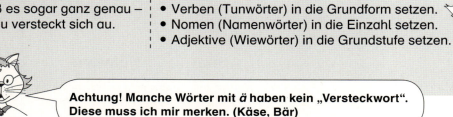

**Achtung! Manche Wörter mit ä haben kein „Versteckwort".
Diese muss ich mir merken. (Käse, Bär)**

**Regel:** Ist im Wort oder am Ende ein
*b/p, d/t* oder *g/k* da?
**Mach das Wort lang, dann wird es klar.**

**Trick:**

**Achtung: Zusammensetzungen muss ich auseinandernehmen.**

Müller/Sichert/Trautner: Rechtschreibung kompetenzorientiert 4 – LB
© Auer Verlag – AAP Lehrerfachverlage GmbH, Augsburg

*Arbeitstext / Diktat*

An dieser Stelle können zudem die beiden Diktate aus Kapitel 6 und 7 erneut zur Übung herangezogen werden.

## Henri in der Großstadt

Der kleine Hahn fand es besonders toll, mit Onkel Theo in die Stadt zu fahren.

Auf dem Hof wurde es den beiden zu ländlich und sie beschlossen, mit dem Zug zukünftig einmal pro Woche einen Ausflug zu unternehmen.

In Hamburg angekommen dachten sie, dass sie taub werden.

So laut war der Straßenlärm.

Theo probierte im ersten Laden ein Oberteil, bei welchem der Hemdärmel viel zu lang war.

Er wog ab und entschied, dass es dadurch diesen Geldbetrag nicht wert war.

Die Fachkraft räumte das Teil wieder in das Regal.

Im Elektronikfachgeschäft kamen Henri fast die Tränen, als ihm die Verkäuferin erklärte, dass sein Spiel für die Playstation schon ausverkauft ist.

Er klagte: „Es fängt an, langsam keinen Spaß mehr zu machen!"

Kräftig enttäuscht machten sich die beiden wieder auf den Heimweg.

Sie saßen im Zugabteil und freuten sich, zu Hause Käfer zu beobachten, am Fluss entlang zu spazieren und den Vögeln bei ihrem Konzert zu lauschen.

## Kompetenzorientierte Übungen

Müller / Sichert / Trautner: Rechtschreibung kompetenzorientiert 4 – LB
© Auer Verlag – AAP Lehrerfachverlage GmbH, Augsburg

# 13. ie-Schreibung

## Das sollte man wissen

Für die Arbeit mit der ie-Schreibung ist das Kapitel über die Silbe grundlegend, da sowohl der Lehrweg über den lautlichen Aspekt gegangen wird, als auch der über den Prototypischen Zweisilber im Deutschen, um sich die i-Schreibung zu erschließen.

Die Besonderheit liegt darin, dass es eine eigene Schreibung für den gespannten vorderen oberen nicht-runden Vokal /i/ gibt: <ie>. Das heißt, dass i der einzige Vokal ist, bei dem die Vokalqualität in den meisten Fällen im Schriftbild (durch <ie>) markiert ist; d.h. bei dem eine Längenkennzeichnung durch <ie> gegeben ist.

Orthografisch kann folgende Regel fixiert werden:

> **Das Phonem /i/ (<Stift>) wird als kurzer, ungespannter Vokal mit <i> verschriftet,**
>
> **das Phonem /iː/ (<Sieg>) dahingegen als langer, gespannter Vokal mit <ie>.**

Diese Regel basiert auf der historisch bedingten Diphthong-Schreibung des Mittelhochdeutschen. Im Neuhochdeutschen blieb das <ie> als historische Schreibung erhalten und wurde auf andere Wörter als Markierung für das lang gesprochene /iː/ übertragen (und das sehr regelhaft mit 80%).

Über die Strategie des silbischen Sprechens (Schwingen, Wippen, Gehen) können die Schüler diese Regelhaftigkeit gut erfassen.

In Einzelfällen wird das lange /iː/ als <ih> (ihr), <ieh> (ziehen) oder auch als einfaches <i> (Tiger) verschriftet. Diese bilden die Ausnahmen.

Der Spezialfall 'i am Wortanfang' (z.B. Igel) wurde bereits bewusst innerhalb der 1./2. und 3. Jahrgangsstufe zum Thema gemacht. Diese Regel ist von den Kindern recht leicht zu verstehen: Am Wortanfang steht nie <ie>.

Die nun zum Schwerpunkt gemachte Verschriftung von einfachem <i> trotz lang gesprochenem oder gegangenem /iː/ bietet den größten Fehlerschwerpunkt (Krokodil, es gibt). Wichtig daran ist, dass die Kinder bereits mit der regelhaften Verschriftung der i-Schreibung vertraut sind, um sich nun innerhalb der 4. Jahrgangsstufe erneut mit deren Ausnahmen zu befassen. Sie erkennen, dass die Ausnahmen durch die Adaption des Wortes aus einer anderen Sprache bedingt sind. Die Endungen -in / -ine werden gesondert als Fremdwortschreibungen betrachtet.

### Das Rechtschreiblernen der Kinder in Hinblick auf die i-Schreibung

Generell durchlaufen die Kinder im Rechtschreiblernprozess zum <ie> über die gesamte Grundschulzeit hinweg verschiedene Phasen, in denen sie unterschiedliche Strategien verfolgen. Um letztlich zu einer automatisierten Anwendung zu gelangen, müssen zunächst verschiedene, aufeinander aufbauende Grundkompetenzen gesichert sein.

Die Bildung der zweisilbigen Form sollte mittlerweile zu einer Selbstverständlichkeit geworden sein. Dadurch wird den Kindern die Gelegenheit gegeben, über die Silbe denken zu können. Dies ist wichtig, da aufgrund von regionalen Einflüssen oftmals Lang- und Kurzvokal nicht eindeutig gesprochen werden. So wird beispielsweise im Schwäbischen bei *er liegt* das <ie> kurz gesprochen.

Ist dies der Fall, so kann *keine* Entscheidung über die korrekte Schreibweise aufgrund der lautlichen Ebene getroffen werden. Dies ist häufig auch bei Schülern mit nichtdeutscher Muttersprache der Fall. Sie können nur sehr schwer auf lautlicher Ebene über die i-Schreibung entscheiden.

Ist eine Kontinuität in der regelhaften Verschriftung des <ie> gegeben, können die Ausnahmen behandelt werden. Den Kindern muss hierbei bewusst werden: Diese Wörter müssen *gemerkt* werden.

Müller/Sichert/Trautner: Rechtschreibung kompetenzorientiert 4 – LB
© Auer Verlag – AAP Lehrerfachverlage GmbH, Augsburg

## Kompetenzstufen

Automatisiertes, korrektes
Verschriften von
<i> und <ie>

| Korrektes Abhören der Länge des i-Lautes und automatisch korrekte Verschriftung | **oder** | Automatisches Bilden einer zweisilbigen Wortform und korrektes Ableiten der richtigen Schreibung | **+** | Aktivierung aller bereits bekannten Strategien sowie Ausnahmen bzgl. der i-Schreibung und korrekte Entscheidung über richtige Schreibweise |

Einsicht in die Phonem-Graphem-Korrespondenz:

auf <u>silbischer Ebene</u>:
/i/ am Silbenende → <ie>
in Silbenmitte → <i>

auf <u>lautlicher Ebene</u>:
Langvokal → <ie>
Kurzvokal → <i>

Wissen über die <u>Ausnahmen</u>, d.h. langes /i:/ wird als einfaches <i>, als <ih> oder <ieh> verschriftet.

- <ie> kann nie am Wortanfang stehen. Dort finde ich einfaches <i> oder <ih> (z.B. Igel, ihm) → (2. Klasse)
- langes /i:/ wird als einfaches <i> verschriftet ( z.B. Tiger, Krokodil) → (3./4. Klasse)
- langes /i:/ wird als einfaches <i> in der Endung –in/-ine verschriftet (z.B. Medizin, Maschine) → (4. Klasse)

| **Silbische Ebene:** | **Lautliche Ebene:** |
|---|---|
| Wissen über die Prototypische Zweisilbigkeit:* Ich kann aus einsilbigen Wörtern zweisilbige Wörter bilden durch <br>• Mehrzahlbildung bei Nomen<br>• Grundformbildung bei Verben<br>• Steigerung bei Adjektiven<br>• Wortartwechsel | Abhören eines Wortes auf den Vokal /i/; Korrekte Unterscheidung zwischen langem /i:/ und kurzem /i/** |

Wissen um die unterschiedliche Schreibung des i-Lautes
→ die verschiedenen Grapheme sind bekannt (<i>, <ie>)

| **Silbische Ebene:** | **Lautliche Ebene:** |
|---|---|
| Kompetenz, Wörter in Sprechsilben trennen zu können (akustisch-phonetische Trennung) Wissen über die Silbe: Jede Silbe braucht einen Vokal | Bewusstsein der lautlichen Unterscheidung bei Vokalen <br>• *Lautqualität* (klingt deutlich / undeutlich)<br>• *Lautquantität* (klingt lang / kurz) |

**Fundament:**

- Motivation und Volition Wörter lautgetreu zu schreiben (d.h. weg von Skelettschreibung)
- organisch keine Einschränkungen bzgl. der Akustik

Müller / Sichert / Trautner: Rechtschreibung kompetenzorientiert 4 – LB
© Auer Verlag – AAP Lehrerfachverlage GmbH, Augsburg

# 13. ie-Schreibung

## Kompetenzstufentest

Name: _____ Datum: _____

**1. Schreibe die diktierten Wörter auf:**

_____

_____

_____

_____

**2. Was weißt du alles über *i* und *ie*?**

_____

_____

_____

_____

## Erläuterungen zum Kompetenzstufentest

*Zu diktierende Wörter: Firma, er fliegt, Tinte, Brief, sieben, ihm, Israel, vier, er spielt, Kinder, Tiger, sie liegt, Stift, er schieb, sie liest, ihrem, die, Igel, Maschine, Sieger, lieb, hier, Dienstag, Zwiebel, Idee, Dieb*

**Zu 1.:** Nr. 1 zeigt, inwieweit die Schüler die diktierten Wörter mit i und ie korrekt verschriften. Auch zu erkennen ist, ob Ausnahmen wie ‚Tiger' oder ‚Maschine' bereits aus den vorhergegangenen Jahrgangsstufen gemerkt sind.
Viele Erkenntnisse können neben diesem Kompetenztest zudem durch einen Blick in die Schülerhefte (vor allem bei freien Texten) gewonnen werden.

**Zu 2.:** Nr. 2 ist sehr offen gestaltet und zeigt vor allem, inwieweit der Schüler eine Struktur bezüglich der ie-Schreibung verinnerlicht hat bzw. wie er diese formuliert.

*Hört* das Kind das lange i ab? Geht es über die *Silbe*? Wird zwar bei Nr.1 korrekt verschriftet, aber kann keine Strategie erklärt werden?

Dies sind alles wertvolle Einblicke in die Vorerfahrungen der Kinder, welche für die Weiterarbeit in diesem Kapitel hilfreich sein können.

## Informationen vorab

Anhand des Kompetenzenstalles ist der Aufbau der i-Schreibung deutlich gezeigt.
Wichtig in diesem Kapitel ist, dass die Regelhaftigkeit bei der Verschriftung von <ie> immer noch einen wesentlichen Aspekt darstellt. Dazu wurden die Lernwörter so gewählt, dass zwischen Wörtern mit regelhafter Verschriftung von <ie> und den Ausnahmen mit <i> unterschieden wird.

Müller / Sichert / Trautner: Rechtschreibung kompetenzorientiert 4 – LB
© Auer Verlag – AAP Lehrerfachverlage GmbH, Augsburg

Es wird davon ausgegangen, dass sich die Kinder ein eigenes Konstrukt mit Regeln und Tricks bezüglich der <ie>-Schreibung aufgebaut haben. Nun geht es darum, die bekannten Denkmuster bezüglich der ie-Schreibung zu festigen und Ausnahmen bewusst als solche zu erkennen.

| Ausnahmen (Fremdwörter) | regelhafte Verschriftung von <ie> | I/i am Wortanfang |
|---|---|---|
| Biber<br>prima<br>Mandarine<br>Magazin | Beispiel (→ Beispie-le)<br>er zielt (→ zie-len)<br>viel (→ vie-le)<br>dies (→ die-se)<br>wieder (→ wie-der)<br>sie friert (→ frie-ren)<br>es fiel (→ nicht über die Silbe erklärbar, da GF ‚fallen')<br><br>*Es gilt immer die Regel:*<br>*Höre ich ein langes i schreibe ich <ie>.* | Iris<br>ihrerseits<br><br><br><br><br><br>*Es gilt immer die Regel:*<br>*Am Wortanfang steht nie*<br>*<Ie> / <ie>.* |

## Erarbeitungsvorschlag

### Einstieg

- Gesprächsanlass: AHA!-Seite aus dem | AH | 61 |
  - Eingehen auf die Fehler der Kinder: Wer findet welches Wort schwer und warum?
  - Erklären der gefundenen Ordnungen / AHA-Sätze durch die Kinder

  *Innerhalb dieses Lernwörterblocks werden viele Kindern die ie-Schreibung als Ordnungskriterium verwenden. Alle weiteren gefundenen Ordnungen sind zu würdigen.*

### Erarbeitung

- Impuls: Lehrer präsentiert seine Ordnung **Wörter mit i (Ausnahmen) / Wörter mit ie / i am Wortanfang** zunächst unkommentiert (s. Tabelle oben)
- Zielangabe: Heute geht es um die Ordnung nach Wörtern mit i / ie
- Plenumsgespräch: Für regelhafte Spalten jeweilige Regel- / Trickkarten dazu hängen (Am Wortanfang steht nie Ie / ie Regel- und Trickkarten S. 12)
- Gemeinsames Nachdenken über die Ausnahmen

  *Zunächst soll auf die bereits bekannten Fälle (mittlere Spalte) eingegangen werden. Es stellt sich heraus, dass die bereits bekannten Regeln und Tricks greifen.*
  *Gesondert muss das Wort 'fiel' thematisiert werden, da hier der Zweisilber (fallen) nicht hilfreich ist, um sie die ie-Schreibung zu erklären.*
  *Im Anschluss wird zur Diskussion gestellt (hier evtl. in Partnerarbeit), dass die bereits bekannten Regeln über den lautlichen Aspekt sowie der Trick über die Silbe nicht bei den Wörtern der linken Spalte greifen.*
  *Somit stellen diese Wörter **Ausnahmen** der ie-Schreibung dar.*
  ***Wichtig!!!***
  *Den Kindern muss an dieser Stelle unbedingt bewusst sein, dass **Ausnahmen eine Besonderheit darstellen** und sich durch eine **Begrenztheit** hinsichtlich des Wortmaterials auszeichnen.*
  *„Es sind nur wenige Wörter, die ich mir merken muss!"*
  *Die unterschiedliche Bedeutung des Minimalpaares **viel – fiel** muss zum Thema gemacht werden.*

### Sicherung

- Ergänzen des Ausnahmeplakats aus der 3. Klasse

Müller / Sichert / Trautner: Rechtschreibung kompetenzorientiert 4 – LB<br>© Auer Verlag – AAP Lehrerfachverlage GmbH, Augsburg

# 13. ie-Schreibung

## Weiterarbeit

- Bearbeiten der [AH 62ff.] im Arbeitsheft
- Kompetenzorientierte Übungen auf der 💿
- Arbeiten mit dem Lernwörterplan

## Material

*Wortkarten für die PA/GA oder Tafel*

| Beispiel | Beispiele | Spiele | er zielt | zielen | viel |
|---|---|---|---|---|---|
| viele | es fiel | sie fielen | fallen | dies | diese |
| wieder | sie friert | frieren | Biber | prima | Mandarine |
| Magazin | Iris | ihrerseits | i̱hrerseits | | |

*Lernwörter für das Lernwörterheft*

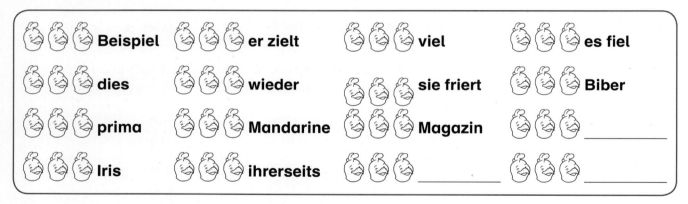

*Regelkarte*

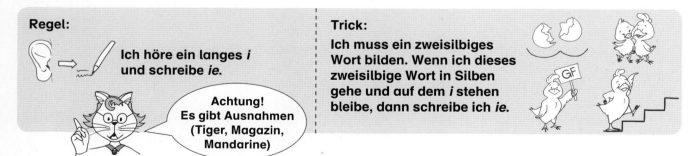

**Regel:**

Ich höre ein langes *i* und schreibe *ie*.

Achtung! Es gibt Ausnahmen (Tiger, Magazin, Mandarine)

**Trick:**

Ich muss ein zweisilbiges Wort bilden. Wenn ich dieses zweisilbige Wort in Silben gehe und auf dem *i* stehen bleibe, dann schreibe ich *ie*.

Müller/Sichert/Trautner: Rechtschreibung kompetenzorientiert 4 – LB
© Auer Verlag – AAP Lehrerfachverlage GmbH, Augsburg

*Arbeitstext / Diktat*

**Ein himmlischer Sommertag**

**Es ist Juni.**

**Niemand friert.**

**Die Bienen brummen ein liebliches Lied und fliegen wieder im Licht der Sonne tief über die Wiese.**

**Henri spielt mit Hanna Familie.**

**Die Haustiere sind ein Tiger, ein Biber und ein Krokodil.**

**Hubert hat die Idee und züchtet eine prima Mandarine, die er seiner Freundin Iris schenken will.**

**Dies ist in dieser Jahreszeit ganz schön schwierig.**

**Papa Hans muss heute nicht in die Firma und liest in einem Magazin, das gut geschrieben ist. Mama geht spazieren.**

**Ihr fiel es nicht schwer, heute einmal nicht viel Stallarbeit zu erledigen.**

**Ihrerseits sollte dieser beispielhafte, schöne Tag niemals zu Ende gehen.**

## Kompetenzorientierte Übungen

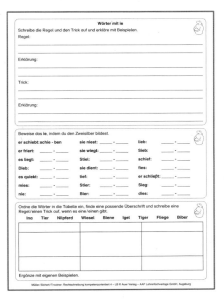

**Wörter mit ie**

Schreibe die Regel und den Trick auf und erkläre mit Beispielen.

Regel:

Erklärung:

Trick:

Erklärung:

Beweise das ie, indem du den Zweisilber bildest.

| er schiebt: | schie - ben | sie niest: | ___ - ___ | lieb: | ___ - ___ |
| er friert: | ___ - ___ | sie wiegt: | ___ - ___ | Sieb: | ___ - ___ |
| es liegt: | ___ - ___ | Stiel: | ___ - ___ | schief: | ___ - ___ |
| Dieb: | ___ - ___ | sie dient: | ___ - ___ | fies: | ___ - ___ |
| es quiekt: | ___ - ___ | tief: | ___ - ___ | er schließt: | ___ - ___ |
| mies: | ___ - ___ | Stier: | ___ - ___ | Sieg: | ___ - ___ |
| nie: | ___ - ___ | Bier: | ___ - ___ | dies: | ___ - ___ |

Ordne die Wörter in die Tabelle ein, finde eine passende Überschrift und schreibe eine Regel / einen Trick auf, wenn es eine / einen gibt.

Ina   Tier   Nilpferd   Wiesel   Biene   Igel   Tiger   Fliege   Biber

| | | |
|---|---|---|
| | | |

Ergänze mit eigenen Beispielen.

---

Setze richtig ein: ie oder i? Kontrolliere jedes Wort mit dem Wörterbuch und schreibe sie dann richtig auf.

Law__ne   K__ste   G__r   H__mmel   Fam__lie   M__f

D__nst   K__lo   B__r   F__ber   K__nd   Gl__d   Ru__ne

K__s   Schm__d   T__m   Sab__ne   B__ngo   F__del

Findest du noch eigene Beispiele?

Setze richtig ein: ie oder i? Kontrolliere jedes Wort mit dem Wörterbuch und schreibe damit lustige Sätze auf.

v__l   Apfels__ne   Parad__s   er s__ht   Benz__n   Mediz__n

er tr__nkt   l__ber   __gitt   B__bel   sie l__st   K__rche   K__no

z__rlich   n__dlich   B__berbaby   es w__gt   v__rhundert

Setze richtig ein: ie oder i? Schreibe den Satz noch einmal in richtiger Groß- und Kleinschreibung auf.

G__B M__R B__TTE EINE MANDAR__NE ODER EINE NEKTAR__NE ODER EINE Z__TRONE.

V__LE B__NEN FL__LEN VOM H__MMEL AUF DIE B__BER IN DER W__SE.

AM D__NSTAG UM V__R WERDEN S__ __HREN ERSTEN S__G ERR__NGEN.

MEINE COUS__NE L__BT EINEN PR__NZEN MIT EINER PRAL__NENMASCH__NE.

---

Welches Wort passt nicht in die Reihe? Streiche es durch und begründe deine Meinung.

ihr, in, ihm, ihn

Grund: _____

Tiger, Biber, Nil, Krokodil

Grund: _____

er schiebt, sie wiegt, ziehen, er liebt

Grund: _____

Praline, Mandarine, Magazin, Apfelsine

Grund: _____

> In manchen Wörtern höre ich ein langes i und schreibe aber i.
> Diese Wörter sind Ausnahmen und ich muss sie mir merken.

Welche Ausnahmewörter könntest du zusammenordnen? Male sie mit der gleichen Farbe an und finde je einen eigenen Merkspruch (Eselsbrücke) dazu.

Ina   Margarine   Israel   Biber   Krokodil   Maschine   Nilpferd

Igel   Tiger   Mandarine   Ida   Praline

Was ist hier los? Schlage die Wörter in einem Lexikon nach und erkläre mit eigenen Worten, was sie bedeuten.

Lid: _____

Lied: _____

Stiel: _____

Stil: _____

Miene: _____

Mine: _____

## Zu den Kapiteln

- h-Schreibung (stummes h und silbentrennendes h)
- Kombination Auslautverhärtung und Umlautung
- ie-Schreibung (Ausnahmen)

*Arbeitstext/Diktat*

### Ausflug ins Wasserkundemuseum

**Henri sitzt mit seinen Klassenkameraden am zugigen Bahnhof und wartet auf den Zug.**

**Es ist Winter und alle frieren erbärmlich.**

**Der eisige Wind treibt ihnen Tränen in die Augen.**

**Dann fängt es auch noch zu schneien an.**

**Während der Fahrt wärmen sich die Hühnerkinder die taub gefrorenen Hände auf und reiben sie kräftig, bis sie glühen.**

**Nun essen sie ihre gesunden Mandarinen und blättern in den mitgebrachten Magazinen.**

**Nach ungefähr einer halben Stunden liegt die Stadt weit hinter ihnen und sie erreichen das Museum in dem ländlichen Gebiet.**

**Die Lehrerin gibt die Geldbeträge für den Eintritt und die Führung ab.**

**Herr Bernd Biber erklärt ihnen viel über Wasserflöhe.**

**Nun dürfen die interessierten Hähne und Hennen ihrerseits Fragen stellen.**

**Zum Schluss krempeln sie gemeinsam die Hemdärmel hoch und räumen das Moos wieder auf, mit welchem sie die Biberburg gemütlich ausgestopft hatten.**

*Innerhalb des Diktats befinden sich primär Lernwörter der Lernwörterblöcke 9–13 sowie Wortmaterial aus dem Grundwortschatz der Jahrgangsstufen 1/2, 3/4. Rechtschriftliche Besonderheiten in den übrigen Wörtern können aus den bekannten Regeln und Tricks hergeleitet werden.*
*Das Diktat kann zur Übung, als Diagnose oder aber auch als Lernstandserhebung herangezogen werden.*

*Sätze des Tages*

**Zukünftig ernähren wir uns mit Margarine, Rohkost und Mandarinen viel gesünder und verzichten auf die fetten Pralinen.**

**Hubert friert so sehr, dass ihm vor Kälte Tränen über das Gesicht laufen.**

**Henri wog verschiedene Geldbeträge ab und fand heraus, dass Münzen schwerer sind als Scheine, obwohl sie weniger wert sind.**

**In einem Wissenschaftsmagazin steht, dass Iris der Fachbegriff für die Regenbogenhaut des Auges ist.**

**Obwohl Hubert genau zielte, fiel das Besteck auf seinen Hemdärmel statt auf den Platzteller. Das gab einen kräftigen Fleck.**

Müller/Sichert/Trautner: Rechtschreibung kompetenzorientiert 4 – LB
© Auer Verlag – AAP Lehrerfachverlage GmbH, Augsburg

Müller / Sichert / Trautner: Rechtschreibung kompetenzorientiert 4 – LB
© Auer Verlag – AAP Lehrerfachverlage GmbH, Augsburg

Name: _____     Datum: _____

## 4. Lernzielkontrolle

**1. Schreibe die diktierten Wörter auf.**    /6

_____
_____
_____
_____
_____
_____

**2. Schreibe die diktierten Sätze auf.**    /14

_____
_____
_____
_____
_____
_____
_____
_____
_____
_____
_____

**3. Die ie-Schreibung**

**a)** Schreibe die Regel oder den Trick auf und erkläre an einem passenden Beispiel.    /2

_____

**b)** Schreibe 6 Ausnahmen auf.    /3

_____

**4. Stummes h oder silbentrennendes h?**

**a)** Schreibe die Wörter in richtiger Groß- und Kleinschreibung in die Tabelle.

FLOH    STUHL    SCHUH    ER SIEHT    SIE WÄHLT    LAHM

| stummes h | silbentrennendes h |
| --- | --- |
|  |  |

/3    /4

**b)** Schreibe je zwei eigene Wörter dazu.

**5. Setze passende Buchstaben ein und schreibe die Wörter, welche dir helfen, dazu.**    /6

Bra_h_hnchen: _____ ,

Han_b_lle: _____ ,

Bro_kor_: _____ ,

**6. Streiche das falsche Wort durch und schreibe es richtig darüber.**    /3

_So jetzt bin ich am ende angelankt und freue mich auf eine trink Pause._ (3)

Von 41 Punkten hast du _____ erreicht.    Note: _____

## Korrekturhinweise zur 4. Lernzielkontrolle auf S. 109

**Zu 1.:**

*Moos, es geschah, Stadt, es fiel mir ein, China, roh, Käfig, Erklärung, Tiger, Ziel, taubstumm, sie führt*

→ pro richtig geschriebenem Wort ½ Punkt

**Zu 2.:**

*Onkel Theo kauft sich am Bahnhof noch schnell ein Kochmagazin, bevor er Hamburg verlässt und zurück ins ländliche Gebiet fährt. Von gesunder Ernährung hat er dank Henne Hedwig bereits ungefähr eine Vorstellung. Das bedeutet für sie Rohkost und Mandarinen. Dabei träumt er doch zum Beispiel von kräftig gewürzten Pommes oder herzhaften Speckknödeln. Aber er hat einen Plan. Er wird selbst seine letzten Geldbeträge zusammenkratzen, Köstlichkeiten einkaufen, den Ofen anheizen, bis das Feuer glüht, und zukünftig jeden Tag fettige Schnitzel braten. Vor Freude darüber kommen ihm beinahe die Tränen. Während ihm das Wasser im Mund zusammenläuft, fällt ihm aber auch wieder ein, wie nett und fürsorglich die Schwägerin ihrerseits zu ihm ist. Vielleicht reicht es auch, wenn er ihr einfach nur die Zeitschrift schenkt.*

→ pro falsch geschriebenem Wort 1 Punkt Abzug.

**Zu 3a.:**

→ 1 Punkt für Regel / Trick (Höre ich ein langes i, schreibe ich ie. Wenn ich Wörter in Silben gehe und auf dem i stehen bleibe, schreibe ich ie.)

→ 1 Punkt für Beispiel

**Zu 3b.:**

→ 1/2 Punkt pro rechtschriftlich korrektem Wort

**Zu 4a.:**

*silbentrennendes h: Floh, Schuh, er sieht*
*stummes h: Stuhl, sie wählt, lahm*

→ ½ Punkt pro rechtschriftlich korrektem, richtig eingeordnetem Wort

**Zu 4b.:**

→ 1 Punkt pro rechtschriftlich korrektem, richtig eingeordnetem Wort

**Zu 5.:**

*Brathähnchen: braten, Hahn*
*Handbälle: Hände, Ball*
*Brotkorb: Brote, Körbe*

→ ½ Punkt pro richtig eingesetztem Buchstaben
→ ½ Punkt pro „helfendem" Wort

**Zu 6.:**

→ pro richtig verbessertem Wort 1 Punkt

| Vorgeschlagener Punkteschlüssel: | | | | | |
|---|---|---|---|---|---|
| 41 – 38 | 37 – 34 | 33 – 26 | 25 – 18 | 17 – 11 | 10 – 0 |

Müller / Sichert / Trautner: Rechtschreibung kompetenzorientiert 4 – LB
© Auer Verlag – AAP Lehrerfachverlage GmbH, Augsburg

## Das sollte man wissen

In der deutschen Rechtschreibung wird der /s/-Laut durch <s>, <ss> und <ß> verschriftet. Dabei ist die <s>-Schreibung in der Regel für Kinder und Erwachsene die selbstverständliche Normalschreibung, welche ohne großes Nachdenken vollzogen wird. <ß> und <ss> sind die Besonderheiten, welche es näher zu betrachten gilt.

An dieser Stelle sei auf die Sachinformation des neunten Kapitels (Mitlautverdopplung) verwiesen. Damit erübrigt sich die Erklärung der <ss>-Schreibung, welche **regelhaft** ist.

Jedoch ist die Verschriftung von <ß> und <s> nur *teilweise* regelhaft und von zahlreichen Ausnahmen in sich durchzogen. Diese beziehen sich auf Wortursprung, Silbengelenkfähigkeit, Stellung des <s>-Lautes innerhalb der Wörter usw.

Auf all diese einzugehen führe an dieser Stelle zu weit. Deshalb in Kürze:

Probleme bei der s-Schreibung ergeben sich vor allem in der Unterscheidung von *stimmhaft* verschriftetem <s> (Na**s**e) nach Langvokal und *stimmlos* verschriftetem **<ß>** (Fu**ß**) nach Langvokal. Es gilt zwar klar: Nach Langvokal steht <s> oder <ß>. Die lautliche Unterscheidung (stimmhaft / stimmlos) ist aber vor allem im süddeutschen Raum sowie von Menschen nichtdeutscher Muttersprache kaum möglich.

Die ß-Schreibungen in der deutschen Sprache (vor allem nach der Rechtschreibreform) bilden die Ausnahme und sind auf wenige, aktiv verwendete Wörter begrenzt.

## Kompetenzstufen

### Sicheres Verschriften des /s/-Lautes

**Begründeter Zweifel** bei unbekanntem Wortmaterial
→ Nachschlagetechniken zur Ermittlung der korrekten Schreibung (wenn Regel / Trick nicht ausreichend ist)

| <s> | <ss> | <ß> |
|---|---|---|
| **Wissen** um die Regelhaftigkeit des <s> nach Langvokal | **Regel / Strategie zur Mitlautverdopplung** von <s> kennen, erklären und anwenden können (s. Kompetenzen Mitlautverdopplung) | **Wissen** um die Ausnahme <ß> nach Langvokal; einige ausgewählte Wörter, welche mit ß verschriftet werden, merken |

**Fundament:**

- Motivation und Volition, Wörter orthografisch korrekt zu verschriften (weg von lauttreuen Schreibungen)
- Sichere lauttreue Verschriftung von Wörtern
- Wissen um die Grapheme <s>, <ss> und <ß> für den /s/-Laut

---

- Fähigkeit, Wörter in Sprechsilben trennen zu können
- Wissen über Aufbau der Silbe

- Lautliche Unterscheidungsfähigkeit: Kurz- / Langvokal

In diesem Kapitel geht es hauptsächlich darum, die Besonderheit der <ß>-Schreibung erneut zu aktivieren. Zunächst kann (und sollte) davon ausgegangen werden, dass die Schüler zum momentanen Zeitpunkt größtenteils in der Lage sind, sich die <ss>-Schreibung mittels der Regel und der Strategien zur Mitlautverdopplung zu erklären.

# 14. ss-/ß-Schreibung

Die Kinder sollen die Erkenntnis gewinnen, dass die ß-Schreibung eine Besonderheit ist und ß-Wörter *Merk-schreibungen* darstellen. Daneben gilt es, sich erneut gezielt mittels der Wörterbucharbeit (s. Kapitel 3) zu befassen, um bei Problemwörtern (und nur bei diesen!) nachzuschlagen. Diese Kompetenz, nicht bei regelhaften Wörtern, sondern nur bei Zweifelsfällen nachzuschlagen, soll mittels dieses Kapitels weiter ausgebaut werden. Ziel soll es schließlich sein, später so viele ß-Schreibungen wie möglich eingeprägt zu haben (Wortbild), um diese sicher verschriften zu können.

Die Regel *„Ist der Vokal lang, darf manchmal ein scharfes ß daran."* kann für Kinder eine Hilfe darstellen.

## Kompetenzstufentest

Name: _____    Datum: _____

**1. Schreibe die diktierten Wörter auf:**

_____

_____

_____

_____

**2. Kennst du Wörter mit ß? Schreibe sie auf.**

_____

_____

**3. Wann schreibst du ß? Erkläre.**

_____

_____

## Erläuterungen zum Kompetenzstufentest

**Zu 1.:** *Hase, Maß, weiß, Rose, hassen, Fluss, Fuß messen, fließen, Erlaubnis, er weiß, husten, Fußball, fressen, Fluss, Ärgernis, Grüße, nass, fleißig, Pass, beißen, grüßen, Finsternis, außen*

Es muss bedacht werden, dass dieses Wortmaterial vom individuellen Wortschatz der Schüler geprägt ist. Es sinnvoll, an dieser Stelle Wörter *aller* s-Schreibungen zu diktieren, um zunächst einmal zu diagnostizieren, ob ein Kind mit der regelhaften ss-Schreibung (*hassen, Fluss*) vertraut ist. Darüber hinaus geben Wörter wie *Finsternis, Erlaubnis, Ärgernis* Aufschluss darüber, inwieweit bei den Kindern die Nachsilbe -nis verinnerlicht ist. Das Wortmaterial der ß-Schreibungen sollte den Kindern bereits aus dem vergangenen Schuljahr bekannt sein.

**Zu 2.:** Diese sehr offene Aufgabenstellung kann Aufschluss darüber geben, ob Kinder schon einige Merkschreibungen bezüglich der ß-Schreibung im Kopf haben (und auf Papier bringen). Hierdurch können wesentliche Einblicke hinsichtlich des Klassenniveaus gewonnen werden.

**Zu 3.:** Selbsterklärend

Müller / Sichert / Trautner: Rechtschreibung kompetenzorientiert 4 – LB

## Informationen vorab

Folglich der sachbezogenen Informationen gibt es keine eindeutige Regel zur Schreibung von <ß> oder <s> nach Langvokal. Um Verwirrungen zu vermeiden (Ranschburgsche Hemmung), wird in diesem Kapitel nur das <ß> nach Langvokal im Vergleich zur Mitlautverdopplung <ss> in den Fokus genommen. Somit soll ein bewusstes Nachdenken diesbezüglich erzielt werden. Die Kinder finden für sich hinsichtlich des Graphems <ß> die Regelhaftigkeit „Nach langem Vokal folgt ein ß". Diese Erkenntnis darf jedoch nicht so stehen bleiben, sondern muss vom Lehrer eingeschränkt und die Regel relativiert werden: „Nach langem Vokal **kann** ein ß folgen. Es gibt nur wenige Wörter mit ß. Wenn ich mir nicht sicher bin, schlage ich im Wörterbuch nach."
An dieser Stelle reicht ein mündlicher Verweis auf Wörter wie Nase oder Gras, um die <s>-Schreibung nach Langvokal anzuschneiden. So tritt die *Ausnahme* (ß-Schreibung) in den Vordergrund.

## Zum Wortmaterial

| ss | | ß | |
|---|---|---|---|
| Regelhaftigkeit der MLV | Verbformen | | Verbformen (1.Vgh.) |
| Klasse | er vergisst | Größe | er vergaß |
| Fass | sie goss | Straße | es hieß |
| blass | er schloss | **außer** | ich aß |
| | | draußen | |
| | | es **heißt** | |

Die <ss>-Wörter sind regelhaft durch die Mitlautverdopplung zu erklären. Somit bilden sie das Fundament der Arbeit mit der s-Schreibung, da sie mittels Regel oder Trick ermittelt werden können.
Die Strategien, die an dieser Stelle greifen:

- Mehrzahlbildung: *Fass → Fässer*
- Steigerung: *blass → blasser*
- Grundformbildung: er vergisst → vergessen;
  Achtung: *sie goss → gießen* (ist nicht mittels Grundformbildung zu erklären, sondern lediglich über Beugung (wir) *gossen*);
  *er schoss → schießen* (ist nicht mittels Grundformbildung zu erklären, sondern lediglich über Beugung *(wir) schossen*);

Die <ß>-Schreibung soll von den Kindern innerhalb dieser Einheit erforscht werden. Somit bilden diese Wörter die größere Gruppe. Die Kinder erkennen, dass hier nach Langvokal, Umlaut und Diphthong (Doppellaut) ein <ß> verschriftet wird.
Zudem wird besonders auf die Formen in der 1. Vergangenheit ein Augenmerk gelegt.
Hier kann entdeckt werden:
*es hieß* und Grundform *heißen*
*er vergaß,* aber Grundform: *vergessen*
*ich aß,* aber Grundform: *essen*
Analog hierzu der Rückschluss aus den Verben der <ss>-Schreibung:
*gießen,* aber Deklinationsform *er goss*
*schließen,* aber Deklinationsform *er schloss*

Die Lernwörterpaare *er vergisst – er vergaß / es heißt – es hieß* sind bewusst gewählt, um auf diese Besonderheiten hinzuweisen.

## Erarbeitungsvorschlag

### Einstig

- Gesprächsanlass: AHA-Seite aus dem Arbeitsheft AH 67
  - Eingehen auf die Fehler der Kinder: Wer findet welches Wort schwer und warum?
  - Erklären der gefundenen Ordnungen / AHA-Sätze durch die Kinder

# 14. ss-/ß-Schreibung

*Das Rechtschreibphänomen kann auf Anhieb ins Auge stechen. Die Paare **er vergisst – er vergaß** sowie **es heißt – es hieß** geben eventuell einen Hilfsimpuls zum zusammenordnen. Zudem wird die <ss>-Schreibung ins Augenmerk der Kinder fallen. Alle von den Kindern gefundenen, logischen Ordnungen sind zu würdigen.*

## Erarbeitung

- Impuls: Lehrer präsentiert seine Ordnung **ss/ß** zunächst unkommentiert.
- Zielangabe: Heute geht es darum, wann <ss> und wann <ß> geschrieben wird.
- Schüler forschen durch Verschieben / Ordnen evt. Zerschneiden der Wortkarten und notieren Erkenntnisse auf dem Block.
  (Hilfsimpulse „Zweisilber" und „Schau dir den Buchstaben vor dem ss/ß genau an!" an Tafel hängen)
- Unterrichtsgespräch: Sammeln der Ergebnisse (s. Wortanalyse)
  → Regeln und Tricks an Tafel wiederholen und visualisieren ; bewusst verbalisieren, dass die Regel zum <ß> eine Hilfe sein kann, man aber bei Zweifel im Wörterbuch nachschlagen muss (ggf. Bsp. ´Hose`) →
  Betonung der *Merkschreibung*
  → Vertiefung: gezielt über Vergangenheitsformen diskutieren

## Sicherung

- Welche Wörter mit ß kennst du noch? Überprüfe mit dem Wörterbuch (EA → PA)
  → gemeinsames Sammeln
  → Merkplakat ergänzen

## Weiterarbeit

- Bearbeiten der  68 ff. im Arbeitsheft
- Kompetenzorientierte Übungen auf der ⊙
- Arbeit mit dem Lernwörterplan

## Material

### Wortkarten für die PA / GA oder Tafel

|  |  |  |  | Klasse | Fass |
|---|---|---|---|---|---|
| **Fässer** | **blass** | **blasser** | **Blässe** | **er vergisst** | **vergessen** |
| **sie goss** | **sie gossen** | **gießen** | **er schloss** | **sie schlossen** | **schließen** |
| **Größe** | **Straße** | **außer** | **draußen** | **es heißt** | **heißen** |
| **er vergaß** | **vergessen** | **es hieß** | **heißen** | **ich aß** | **essen** |

### Regelkarte

| **Regel:** | **Trick:** |
|---|---|
| **Ist der Vokal lang, darf manchmal ein scharfes ß daran.**<br><br>**Nach den kurzen Vokalen a, e, i, o, u kommt oft ein doppelter Konsonant dazu.** |  |

Müller / Sichert / Trautner: Rechtschreibung kompetenzorientiert 4 – LB
© Auer Verlag – AAP Lehrerfachverlage GmbH, Augsburg

## Lernwörter für das Lernwörterheft

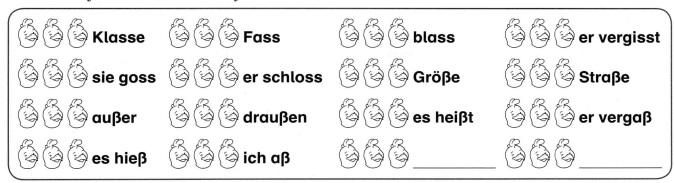

| | | | |
|---|---|---|---|
| Klasse | Fass | blass | er vergisst |
| sie goss | er schloss | Größe | Straße |
| außer | draußen | es heißt | er vergaß |
| es hieß | ich aß | _____ | _____ |

## Arbeitstext/Diktat

**Der Preis ist heiß**

Henri liegt gemütlich draußen abseits der Straße und frisst seine Lieblingskörner.

Der Fluss fließt langsam entlang des Waldes.

Henri weiß, dass er es in dieser Klasse vergessen kann, ohne zu lernen gute Noten zu schreiben.

Sein Bruder ist kein Maß für ihn, außer in Mathe bei den Größen.

Der ist sehr fleißig und hat Biss. In Gedanken und mit geschlossenen Augen baumelt der Fuß des kleinen Hahns im nassen Wasser.

Er schließt es nicht aus, nächste Woche eine Zwei zu schreiben.

Es heißt, die Arbeit wird nicht so schwer.

In diesem Moment ruft Mama und wartet mit dem Essen.

Henri wird ganz blass: Vom vielen Denken vergaß der kleine Hahn total, mit den Hausaufgaben zu beginnen.

## Kompetenzorientierte Übungen

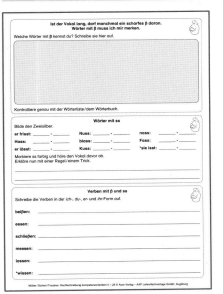

**Ist der Vokal lang, darf manchmal ein scharfes ß daran. Wörter mit ß muss ich mir merken.**

Welche Wörter mit ß kennst du? Schreibe sie hier auf.

Kontrolliere genau mit der Wörterliste / dem Wörterbuch.

**Wörter mit ss**

Bilde den Zweisilber.

er frisst: _____ - _____  Nuss: _____ - _____  nass: _____ - _____

Hass: _____ - _____  blass: _____ - _____  Fass: _____ - _____

er lässt: _____ - _____  Kuss: _____ - _____  *sie isst: _____ - _____

Markiere ss farbig und höre den Vokal davor ab.
Erkläre nun mit einer Regel / einem Trick.

**Verben mit ß und ss**

Schreibe die Verben in der ich-, du-, er- und ihr-Form auf.

beißen: _____

essen: _____

schließen: _____

messen: _____

lassen: _____

*wissen: _____

**Wörter mit ß und ss**

Schreibe je eine Regel / einen Trick auf und finde passende Beispiele.

Wörter mit ß

Regel: _____

Beispiele: _____

Wörter mit ss

Regel: _____

Beispiele: _____

**Wortfamilien**

Welche Wörter gehören zusammen? Male sie in der gleichen Farbe an und schreibe sie geordnet auf.

spaßig  Größe  versüßen  groß  Spaß  süß  Begrüßung

grüßen  Süßigkeit  spaßen  vergrößern  Gruß

_____

_____

Kannst du noch eigene Wörter ergänzen?

Setze richtig ein: ß oder ss?

sie i___t  Ma___  er bei___t  Flu___  Fu___  wei___

sie kü___t  na___  blo___  gro___  Schlo___  Spa___

Schlu___  Strau___  sie mu___t  er mi___t  er rei___t

Schreibe die Wörter noch einmal geordnet und als Zweisilber auf.

ss: _____

ß: _____

**Wortpaare**

Was gehört zusammen? Male mit der gleichen Farbe an.

es reißt  er isst  sie maß  es floss  er vergisst  er schießt  er beißt

sie goss  es fließt  er aß  er schließt  sie misst  es schloss

er schoss  er vergaß  sie gießt  er biss  es riss

Schreibe die Wortpaare auf.

_____ - _____  _____ - _____  _____ - _____

_____ - _____  _____ - _____  _____ - _____

Was ist hier los? Erkläre genau.

**Zeitenmix**

Ergänze die Tabelle.

| Grundform | Gegenwart | 1. Vergangenheit |
|---|---|---|
| fließen | ich | |
| | ich gieße | |
| | | er vergaß |
| messen | es | |
| | | es riss |
| | sie schließt | |
| beißen | wir | |
| | | sie schossen |

Kontrolliere mit einer Regel / einem Trick oder dem Wörterbuch.

Setze richtig ein: ß oder ss? Schreibe einen eigenen Satz mit der 1. Vergangenheit.

er flie___t  Flu___  Stra___e  Wa___er

Ta___e  sie gie___t  So___e  hei___

bei___en  es rei___t  Ki___en  blo___

Müller / Sichert / Trautner: Rechtschreibung kompetenzorientiert 4 – LB © Auer Verlag – AAP Lehrerfachverlage GmbH, Augsburg

# 15. Trennregeln / Häufigkeitswortschatz

## Das sollte man in Hinblick auf die Trennregeln wissen

Die Grundlage beim Verständnis der Trennregeln liegt in der Unterscheidung von Sprechsilbe und Schreibsilbe. Grundsätzlich werden Wörter am Zeilenende nach *Sprechsilben* getrennt. Es gilt:

**Jede Silbe benötigt einen Vokal.**

Diese Regel ist den Kindern seit der 1./2. Jahrgangsstufe bekannt und stellt kein Problem dar.

Das frühere Verbot der Trennung von <st> gilt im Zuge der neuen Rechtschreibreform nicht mehr. Es wird also nach Sprechsilben (*Kas-ten; läs-tern;...*) getrennt.

In zwei Fällen muss bei der Worttrennung am Zeilenende zwischen Sprech- und Schreibsilbe unterschieden werden:

**Der Vokal darf bei der schriftlichen Trennung nicht alleine stehen.**

Demnach ergeben sich hier immer dann Schwierigkeiten, wenn in der Sprechsilbe der Vokal separiert wird (*E-sel; E-le-fant,...*). Hier entspricht die Sprechsilbe **nicht** der Schreibsilbe. Demnach kann rechtschriftlich lediglich wie folgt getrennt werden: *Esel; Ele-fant,...*

**Die Graphemgruppe <ck> darf beim Trennen am Zeilenende nicht auseinandergezogen werden.**

Da die Verdopplung von <k> als <ck> verschriftet wird (s. zugehöriges Kapitel), stellt diese einen Bestandteil der 1. sowie 2. Silbe dar (/Schnek-ke/); Analog hierzu wird jedoch nicht <Schnek-ke> oder etwa <Schneck-cke> getrennt, sondern das <ck> bei der rechtschriftlichen Trennung am Zeilenende in die 2. Silbe verschoben: <Schne-cke>.

Analog wird bei den Graphemen <ch> und <sch> vorgegangen.

Auf Einzelfälle der Fremdworttrennung wird an dieser Stelle nicht eingegangen, da diese Sonderfälle keinen Schwerpunkt im Grundschulunterricht bilden.

## Das sollte man über den Häufigkeitswortschatz wissen

Die in der deutschen Sprache am häufigsten verwendeten kleinen Wörter sind unter dem Begriff Häufigkeitswortschatz festgelegt worden. Ziel soll es am Ende der Grundschulzeit sein, diese Wörter sicher (auch in freien Texten) rechtschriftlich korrekt wiederzugeben. Immer wieder sind diese Wörtchen in die Lernwörterblocks mit eingeflossen. Zudem sind sie den Kindern besonders aus dem Lernbereich „Lesen" bekannt.

## Kompetenzstufen und Kompetenzstufentest

Da es sich um klar festgeschriebene Regeln handelt, die schlicht und ergreifend gemerkt werden müssen, entfallen an dieser Stelle der Aufbau in Kompetenzstufen sowie der Kompetenzstufentest. Es sind Schülerbeobachtungen heranzuziehen, wenn eine Diagnose erfolgen soll.

## Informationen vorab

Die Arbeit mit der Silbe zieht sich als Grundprinzip durch alle Bände „Rechtschreibung kompetenzorientiert". Intention dabei ist es sein, sich mittels der Silbentrennung (und hier ist die Sprechsilbe gemeint) Rechtschreibbesonderheiten zu erklären (→ Prototypischer Zweisilber). Zunächst ist also wichtig, Wörter in Sprechsilben gliedern zu können, um sich dadurch die Rechtschreibung zu erschließen. Nun sind die Kinder „Silbenprofis" und können über die Sprechsilbe hinaus die Schreibsilbe anvisieren. Diese bereits zu einem früheren Zeitpunkt zu thematisieren könnte gegebenenfalls zu Verwirrungen führen. Ziel dieser Einheit soll es sein, den Unterschied von Schreibsilbe und Sprechsilbe bewusst zu machen. Sie lernen die drei grundlegenden Prinzipien der Trennung in Schreibsilben (s. Regel) als Hilfe kennen und nutzen dies in den fortlaufenden Schuljahren bei freien und gebundenen Textformen.

Müller / Sichert / Trautner: Rechtschreibung kompetenzorientiert 4 – LB
© Auer Verlag – AAP Lehrerfachverlage GmbH, Augsburg

## Zum Wortmaterial

| Häufigkeitswortschatz | Wörter mit besonderen Trennregeln<br>Grundwort → Sprechsilbe → Schreibsilbe |
|---|---|
| den | Esel → *E-sel* → Esel |
| denn | Elefant → *E-le-fant* → Ele-fant |
| dem | Zecke → *Zek-ke* → Ze-cke |
| ich bin | es zwickt - zwicken → *zwik-ken* → zwi-cken |
| ab | hitzig → *hiz-zig* → hit-zig |
| ob | gestern → *ges-tern* → ges-tern |
| | Hummel → *Hum-mel* → Hum-mel |
| | Leopard → *Le-o-pard* → Leo-pard |
| | Goldhamster → *Gold-hams-ter* → Gold-hams-ter |

## Erarbeitungsvorschlag

### Einstieg

- Gesprächsanlass: AHA!-Seite aus dem | AH | 71 |
  - Eingehen auf die Fehler der Kinder: Wer findet welches Wort schwer und warum?
  - Erklären der gefundenen Ordnungen / AHA-Sätze durch die Kinder

  *Die Kinder können an dieser Stelle auf keine Ordnung bzgl. der Trennregeln kommen, da dies nicht naheliegend ist. Dennoch ist es wichtig, die Kinderordnungen zu besprechen, da in den Wörtern sämtliche Rechtschreibbesonderheiten enthalten sind.*

### Erarbeitung

- Zielangabe: Heute geht es darum, wie am Zeilenende getrennt wird
- AA 1: Trenne alle Wörter so, wie du sie am Zeilenende trennen würdest.
- AA 2: Male alle Wörter mit gleich vielen Trennungen in der gleichen Farbe an.
  → nach ‚Ich – Du – Wir – Prinzip‘ (mit AHA!-Satz der Kinder)
- Gemeinsames Zuordnen der Wortkarten in Spalten; Zerschneiden in Sprech-/Schreibsilben

| keine Trennung möglich | eine Trennung möglich | zwei Trennungen möglich |
|---|---|---|
| den | Elefant | Goldhamster |
| denn | Zecke | |
| dem | zwicken | |
| (ich) bin | hitzig | |
| ab | gestern | |
| ob | Hummel | |
| | Leopard | |
| Esel | | |

- Präsentation und Klärung der Regeln

### Sicherung

- Beispielhaftes Zuordnen von Wörtern aus der Wörterliste zu den Regelbestandteilen

Müller / Sichert / Trautner: Rechtschreibung kompetenzorientiert 4 – LÖ<br>© Auer Verlag – AAP Lehrerfachverlage GmbH, Augsburg

## Weiterarbeit

- Bearbeiten der ┌AH 72ff.┐ im Arbeitsheft
- Kompetenzorientierte Übungen auf der 💿
- Arbeiten mit dem Lernwörterplan

## Material

*Wortkarten für die PA / GA oder Tafel*

| den | denn | dem | ich bin | sein |
|---|---|---|---|---|
| ab | ob | Esel | Esel | Elefant |
| Ele-fant | Zecke | Ze-cke | es zwickt | zwicken |
| zwi-cken | hitzig | hit-zig | gestern | ges-tern |
| Hummel | Hum-mel | Leopard | Leo-pard | Goldhamster |
| Gold-hams-ter | gold | golden | Hamster | |

*Lernwörter für das Lernwörterheft*

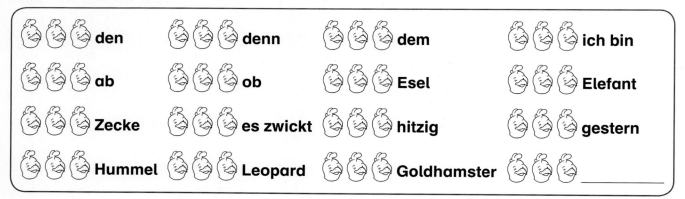

den    denn    dem    ich bin

ab    ob    Esel    Elefant

Zecke    es zwickt    hitzig    gestern

Hummel    Leopard    Goldhamster    _____

*Regelkarte*

Bin ich am Ende der Zeile angekommen und möchte ein Wort trennen, muss ich Folgendes beachten:

1. Jede Silbe braucht einen Vokal.
2. Bei der Trennsilbe darf ein Vokal nicht allein stehen.
3. ck darf nicht getrennt werden.

Müller / Sichert / Trautner: Rechtschreibung kompetenzorientiert 4 – LB
© Auer Verlag – AAP Lehrerfachverlage GmbH, Augsburg

*Arbeitstext/Diktat*

## Im Zoo

Den Esel, den hat Henri besonders gern,

die kitzeln ihn, wenn er sich traut,

Der Elefant, der graue Herr,

als ob er Reitpferd wär und schlank,

Frau Leopard, die schöne Katze,

als sie doch soeben stach

Und gestern, ja, man glaubt es kaum,

als ihn doch unbemerkt und frech

So ab und an, man denkt es sich,

und ob du's glauben willst oder nicht,

das Spektakel anzusehen,

denn auf ihm sitzen Mücken,

sich auch nur kurz zu bücken.

der hüpft über die Hecke,

als ihn frech biss die Zecke.

lief im Kreis wie auf dem Rummel,

eine fiese fette Hummel.

da ist Herr Goldhamster ausgetickt

der seltene Hirschkäfer hat gezwickt.

geht's hitzig zu im Zoo,

ich bin immer wieder froh,

und dann wieder heimzugehen.

*(Trautner, Sichert, Müller)*

## Kompetenzorientierte Übungen

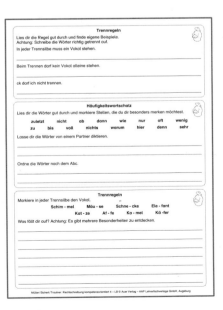

Müller / Sichert / Trautner: Rechtschreibung kompetenzorientiert 4 – LB
© Auer Verlag – AAP Lehrerfachverlage GmbH, Augsburg

## Zu den Kapiteln

- ss/ß
- Trennregeln / Häufigkeitswortschatz

*Arbeitstext / Diktat*

### Wandertag

Mit seiner Klasse spazierte Henri vorsichtig an der gefährlichen Straße entlang.

Doch schon bald bogen sie am großen Fass rechts in den Hummelweg ein.

Ab jetzt hieß es nicht mehr: „Geh in Zweierreihen!" und „Schließe auf!".

Die blassen Hühnermädchen und Stadtjungen durften sich nun frei an der frischen Luft bewegen und genossen es, draußen zu sein.

Doch in der Hitze bekamen sie schnell Hunger und waren sehr durstig.

Sie aßen ihre Brote, tranken klares Wasser und diskutierten hitzig über Leoparden und Esel.

Da wurde Henri plötzlich gezwickt.

War das nur der freche Heinrich oder etwa eine fiese Zecke?

*Innerhalb des Diktats befinden sich primär Lernwörter der Lernwörterblöcke 14 – 15 sowie Wortmaterial aus dem Grundwortschatz der Jahrgangsstufen 1/2, 3/4. Rechtschriftliche Besonderheiten in den übrigen Wörtern können aus den bekannten Regeln und Tricks hergeleitet werden.*
*Das Diktat kann zur Übung, als Diagnose oder aber auch als Lernstandserhebung herangezogen werden.*

*Sätze des Tages*

Dem Leoparden traue ich nicht, denn er ist gefährlicher als eine Hummel.

In der Eile vergaß er seinen kleinen Esel hinter dem großen Fass auf der Straße.

In der Hitze sprang sie in das große Wasserfass und übergoss sich mit dem klaren Nass.

Die Zecke zwickt, die Hummel sticht und der Leopard beißt oder zerreißt dich, wenn du nicht vorsichtig bist.

Dem Esel darf man nicht zu viel Hafer geben, denn dann frisst er ohne Maß.

Es heißt, dass man draußen in der Natur zwar frei und gesund lebt, jedoch nie außer Gefahr ist.

Müller/Sichert/Trautner: Rechtschreibung kompetenzorientiert 4 – LB
© Auer Verlag – AAP Lehrerfachverlage GmbH, Augsburg

Müller / Sichert / Trautner: Rechtschreibung kompetenzorientiert 4 – LB
© Auer Verlag – AAP Lehrerfachverlage GmbH, Augsburg

Name: _____

Datum: _____

## 5. Lernzielkontrolle

**1. Schreibe die diktierten Wörter auf.**  /6

**2. Schreibe die diktierten Sätze auf.**  /14

**3. Trennregeln**

a) Schreibe die Wörter noch einmal richtig getrennt auf.

Heckenrose  Anemone  Wacholder  Melisse  Distel  Pilz  /3

b) Welche Trennregeln kennst du? Schreibe sie auf.  /3

**4. a) Setze richtig ein: ß oder ss?**

Da_ Ki_ en, da_ die Mutter aufschüttelt, mi_t einen halben Meter und i_t wei_.

Ich wei_, da_ viele Kinder nicht wi_en, da_ man einen bi_igen Frosch nicht kü_t.  /6

b) ss: Welche Regel/welcher Trick hilft dir?  /1

**5. Bilde Sätze, in welchen beide Wörter vorkommen.**

ihm – in  /2

wen – wenn  /2

**6. Streiche falsche Wörter durch und schreibe sie richtig darüber.**

Ap heute muss Henri zu Fuss zur Schuhle laufen, ob er will oder nicht. (3)  /3

Von 40 Punkten hast du ____ erreicht.

Note: ____

121

## Korrekturhinweise zur 5. Lernzielkontrolle auf S. 121

**Zu 1.:** *gestern, er heißt, Biene, Schulklasse, hamstern, Tiger, Fässer, oft, außer, Zecke, Elefant, Biber*

→ pro richtig geschriebenem Wort ½ Punkt

**Zu 2.:**

*In Afrika im Dschungel war Onkel Theo so von der Hitze geschwächt und verwirrt, dass er sämtliche Sicherheitsregeln vergaß. Er aß unbekannte Pflanzen, denn er glaubte, sonst zu verhungern. Draußen am Fluss goss er sich kühles Wasser über den hitzigen Kopf und bemerkte den großen Leoparden erst gar nicht. Vor Schreck wurde er leichenblass und zwickte sich in den Arm. Er wollte testen, ob dies wahr oder nur ein böser Traum war. Er spürte den stechenden Schmerz und tauchte ab, denn so konnte ihn das Tier nicht mehr sehen. Da wurde er wieder klar, sah die Dorfstraße vor sich und wusste wieder wo er war: Im Bach neben der großen Wiese, auf der nur ein paar harmlose Hummeln summten.*

→ pro falsch geschriebenem Wort 1 Punkt Abzug.

**Zu 3a.:**
→ 1/2 pro richtig getrenntem Wort

**Zu 3b.:**

1. *Jede Silbe braucht einen Vokal.*
2. *Bei der Trennsilbe darf ein Vokal nicht alleine stehen.*
3. **ck** *darf nicht getrennt werden - es steht in der zweiten Silbe.*

→ 1 Punkt pro Trennregel

**Zu 4a.:**
→ ½ Punkt pro richtig eingesetztem **ss/ß**

**Zu 4b.:**
→ 1 Punkt pro Regel / Trick

**Zu 5.:**
→ 1/2 Punkt Abzug pro Wort

**Zu 6.:,**
→ pro richtig verbessertem Wort 1 Punkt

| Vorgeschlagener Punkteschlüssel: | | | | | |
|---|---|---|---|---|---|
| 40 – 37 | 36 – 33 | 32 – 25 | 24 – 17 | 16 – 10 | 9 – 0 |

Müller/Sichert/Trautner: Rechtschreibung kompetenzorientiert 4 – LB
© Auer Verlag – AAP Lehrerfachverlage GmbH, Augsburg

## Das sollte man über das Wiederholungskapitel wissen

Die Wiederholungsseiten zielen aus Lehrersicht primär auf Diagnose ab. Die Lehrkraft sieht genau, welches Kind wo steht und ob die Kompetenzerwartungen am Ende der 4. Jahrgangsstufe erfüllt wurden. Dazu bietet der Kompetenztest die Basis jedes weiteren Vorgehens. Dieser zeigt genau auf, inwieweit die Kinder die bereits während der letzten Schuljahre thematisierten einzelnen Rechtschreibphänomene verinnerlicht haben. Sicherlich kann (und darf!) nicht davon ausgegangen werden, dass *alle* Schüler zum momentanen Zeitpunkt *in gleicher Weise* alle behandelten Lernwörter und Fälle beherrschen. Folgend kann (und muss!) auf die schon behandelten Fälle zurückgegriffen werden und die zugehörigen kompetenzorientierten Übungen dieses Lehrerbandes zu den jeweiligen Rechtschreibfällen erneut an die Kinder zur Übung gegeben werden. Hierfür als sinnvoll erwies sich die Darbietung einer Lerntheke mit unterschiedlichsten kompetenzorientierten Übungen aus den bisher behandelten Themenfeldern (s. CD). Den Kindern wird nach der Sichtung des allgemeinen Kompetenztestes aufgezeigt, in welchen Bereichen immer noch Übungsbedarf besteht.
Zudem besteht durch die eigene AHA-Seite die Möglichkeit, dass das Kind selbst erkennt, wo noch Probleme auftreten und weiter geübt werden muss (Metaebene!).
So kann jedes Kind individuell an seinen bisherigen Fähigkeiten arbeiten und diese in der weiteren Schullaufbahn ausbauen.

## Anmerkungen zum Kompetenztest

**Zu 1.:** Der Lehrer diktiert einige dieser Wörter:
*Glückspilz, Fröhlichkeit, mächtig, Bäckereiverkäuferin, es soll, Comicheld, Zugabteil, Alphabet, Müllverbrennung, Wildnis, es fand statt, Kuhhäute, schicker, Charakterstärke, er verleiht, Geldbörse, vorteilhaft, Führungspersönlichkeit, ähnlich, Kleidergröße, Sommerhitze, würzen, bedeutsam, Raubtier, bequem, Klassenstärke, Waldverschmutzung, viel, Goldgräber, glaubhaft, Abschleppseil, Besteck, Arztkittel, farbenblind, Magazin, Schulleistung, prima*

Anhand dieser Lernwörter-Auswahl zeigt sich, inwieweit die Kinder die bereits bekannten Lernwörter gemerkt haben oder durch einen RS-Fall ableiten und demnach orthografisch richtig verschriften.

**Zu 2.:** Der Lehrer sieht auch hier noch einmal, ob die einzelnen RS-Fälle verinnerlicht wurden.

Innerhalb der letzten beiden Schuljahre haben wir immer wieder Zweisilber gebildet, um uns Rechtschreibfälle erschließen zu können.

Schwierig sind Wörter, die Merkschreibungen aufweisen.

Diese Wörter mit x kenne ich:

Auch zum stummen h kenne ich schon viele Wörter:

Diese Wörter zum v schießen mir sofort in den Kopf:

Manchmal ist das v allerdings leicht zu erklären, nämlich wenn …

Beim ie bin ich stolz, dass ich mir diese Ausnahmen merken konnte:

Ich habe mit Henri dieses Schuljahr viel gelernt.

Auch in diesem Text habe ich ganz viele Fehler gefunden.

Müller / Scherf / Trautner: Rechtschreibung kompetenzorientiert 4
© Auer Verlag – AAP Lehrerfachverlage GmbH, Augsburg

# 16. Gesamtwiederholung

## Kompetenztest

Name: _____ Datum: _____

**1. Schreibe die diktierten Wörter auf:**

_____

_____

_____

_____

_____

_____

_____

**2. Streiche die falschen Wörter durch und schreibe sie richtig darüber.**

Inerhalb der lezten beiden Schuljare haben wir imer wider Zweisilber gebildet,

Rechtschreibfäle erschliesen zu könen.

Schwirig sind Wörter, die Mergschreibungen aufweissen.

Dise Wörter mit **x** kenne ich:

Auch zum **stummen h** kene ich schon vile Wörter:

Dise Wörter zum **v** schiesen mir sofort in den Kopf:

Manchmal ist das **v** alerdings leicht zu erklären, nämlich wenn

Beim **ie** bin ich stoltz, das ich mir dise Ausnamen merken konte:

Ich habe mit Henri dises Schuljar fiel gelernt.

Auch in diesem Tekst habe ich gans fiele Feler gefunden.

Müller / Sichert / Trautner: Rechtschreibung kompetenzorientiert 4 – LB
© Auer Verlag – AAP Lehrerfachverlage GmbH, Augsburg

## Zum Wortmaterial des Wiederholungskapitels

| Rechtschreibfall | Beispielwort | Erklärung: |
|---|---|---|
| Mitlautverdopplung | **billig**, Stockbett, Holzhütte, Blaubeerpfannkuchen, er fällt, | bil-lig<br>Bet-ten<br>Hüt-te<br>Pfan-ne<br>fäl-len |
| tz | **Holzhütte, Katzenwäsche** | Kat-ze<br>Höl-zer |
| ck | **Stockbett, Gebälk** | *Stöck-cke<br>Bal-ken |
| ss / ß | **sie schießet, es schoss** | schie-ßen<br>schos-sen |
| Umlautung | **Bär**, Katzenwäsche, er fällte, Gebälk | Bär = Merkschreibung<br>Wäsche → waschen<br>fällen → fallen<br>Gebälk → Balken |
| Auslautverhärtung | **es wird, Waldbrand** | wird → wer-den<br>Wald → Wäl-der<br>Brand → Brän-de |
| ie | Vieh, **Benzin, Diesel** | Vieh → Langvokal<br>Benzin → Merkschreibung<br>Die-sel |
| stummes h<br>silbentrennendes h | Vieh, **wahr** | Vieh → Merkschreibung<br>wahr → wah-ren → Merkschreibung |
| F-Schreibung | **Vieh, er fällte** | Vieh → Merkschreibung<br>er fällte → keine Besonderheit |
| Doppelvokal | **Blaubeerpfannkuchen** | Beere → Merkschreibung |
| Merkschreibung | **Cowboyhut** | |
| Mitsprechwort | **Rodeo** | |

*Man sieht: Die ausgewählten Wörter sind nun nicht mehr auf einen konkreten Fall bezogen, sondern beinhalten Schwierigkeiten aus allen bereits behandelten RS-Fällen.*

## Erarbeitungsvorschlag

### Einstieg

- Gesprächsanlass: AHA!-Seite aus dem ⌐AH 77⌐

### Erarbeitung

- Erklären der gefundenen Ordnungen und paralleles Visualisieren an der Tafel mithilfe der Wortkarten, Regel- und Trickkarten
- Reflexion: Was kann ich schon gut? Was muss ich üben?

## Weiterarbeit

- Bearbeiten im Arbeitsheft auf ⌐AH 78 ff.⌐
- Kompetenzorientierten Übungen auf der ◉
- Arbeit mit dem Lernwörterplan

Müller / Sichert / Trautner: Rechtschreibung: Kompetenzorientiert 3/4
© Auer Verlag – AAP Lehrerfachverlage GmbH, Augsburg

# 16. Gesamtwiederholung

## Material

*Wortkarten für die PA/GA oder Tafel*

| | | | |
|---|---|---|---|
| **Benzin** | **Diesel** | **Holzhütte** | **Holz** |
| **Hütte** | **Katzenwäsche** | **Katze** | **Wäsche** |
| **waschen** | **Stockbett** | **Stock** | **Stöcke** |
| **Bett** | **Betten** | **Gebälk** | **Balken** |
| **es wird** | **werden** | **Waldbrand** | **Wald** |
| **Wälder** | **Brand** | **Brände** | **Bär** |
| **wahr** | **wahren** | **Blaubeer-pfannkuchen** | **blau** |
| **Beere** | **Pfannkuchen** | **Pfanne** | **Kuchen** |
| **Vieh** | **er fällte** | **fällen** | **fallen** |
| **Cowboyhut** | **Cowboy** | **Hut** | **Rodeo** |
| **billig** | **billiger** | **sie schießt** | **schießen** |
| **es schoss** | **sie schossen** | | |

*Lernwörter für das Lernwörterheft*

| | | | |
|---|---|---|---|
| Benzin | Diesel | Holzhütte | Katzenwäsche |
| Stockbett | Gebälk | es wird | Waldbrand |
| Bär | wahr | Blaubeer-pfannkuchen | Vieh |
| er fällte | Cowboyhut | Rodeo | billig |
| sie schießt | es schoss | _____ | _____ |

Müller/Sichert/Trautner: Rechtschreibung kompetenzorientiert 4 – LB
© Auer Verlag – AAP Lehrerfachverlage GmbH, Augsburg

## Arbeitstext/Diktat

Als Lernwörterdiktat dient an dieser Stelle der Text aus dem Arbeitsheft. Dieser beinhaltet alle während des Schuljahres behandelten Rechtschreibphänome.

### Urlaub in Amerika

Diese Jahr fliegen Henri, Hubert, Hanna und Hans und Hedwig Hahn zusammen mit Onkel Theo nach Amerika.

Dort lernen sie endlich den Rest von Theos Familie kennen und werden viel zusammen erleben.

Vater Hans hat extra einen Benzinkanister eingepackt, denn in dem fremden Land soll man viel billiger tanken können als hier in Deutschland.

Auch der Sprit für Papas Dieselross wird dort wohl nicht so teuer sein.

Mutter Hedwig freut sich vor allem darauf, dass sie mit ihrer Schwägerin Rezepte austauschen kann.

Als Erstes möchte sie die köstlichen Pfannkuchen mit Blaubeeren probieren.

Währenddessen können die Kinder schon einmal ihre Betten beziehen.

Um Platz zu sparen, sind diese bei der Verwandtschaft übereinander zu mehreren Stöcken gebaut.

Beim Aufstehen muss man allerdings aufpassen, dass man sich den Kopf nicht an den harten Balken stößt.

Das Haus der Truthahns ist nämlich komplett aus Holz gebaut, so wie die Gartenhütte der Hahns – nur viel größer und luxuriöser.

Deswegen hat Hanna Angst.

Das Holzhaus steht nämlich mitten im Wald.

„Was ist wohl los, wenn dieser plötzlich brennt?

Wo es gerade jetzt doch so heiß und trocken ist!", schießt es ihr durch den Kopf.

Wahrlich ist das kein schöner Gedanke.

Doch der Onkel beruhigt sie: „Ich fälle doch alle Bäume nahe am Haus, damit dieses und der Viehstall geschützt sind!"

„Ja genau!", lacht Hubert.

„Du willst uns doch nur einen Bären aufbinden!"

Da ruft Thea Truthahn: „Wascht euch schnell die Hände und kommt an den Tisch.

Das Essen ist fertig!"

„Gleich, wir bringen nur noch schnell die Katze raus!", erwidern die Truthahnzwillinge im Chor.

„Und dann aber los zum Rodeoplatz!", mahnt Henri und zieht sich seinen neuen Hut tief ins Gesicht.

Damit sieht er aus wie der coolste Cowboy der Welt.

*Die hier markierten Wörter stellen die abgewandelten Lernwörter dieses Kapitels dar.*

Müller / Sichert / Trautner: Rechtschreibung kompetenzorientiert 4 – LB